WORDLE
CHALLENGE

500 puzzles to do anywhere, anytime

How to use this book

In **Wordle Challenge**, you use letter prompts to solve the puzzle and find the five-letter word suggested by the clue.

The appearance of each letter tells you **if** it occurs in the solution and **where** it appears.

A white letter on a black background means the letter is in the solution and in the correct position, for example the letters **E** and **A** below:

A black letter on a grey background means the letter is in the solution but in the wrong position, for example the letters **A**, **T** and **E** below:

A black letter on a white background means that the letter is not in the solution at all, for example the letters **C** and **H** below:

The clue is **GIFT**, so the solution to the puzzle is **TREAT**:

Each puzzle has a letter marker underneath, so you can keep track of which letters have been ruled out, like this:

The **EASY** puzzles contain more correct letters, more frequently in their correct positions. The **MEDIUM** and **EXPERT** puzzles give you fewer prompts.

Good luck!

Puzzle 1
Clue: problem

Puzzle 2
Clue: premature

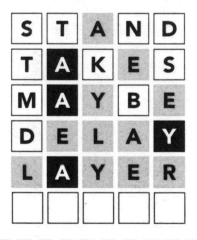

Puzzle 3
Clue: bench

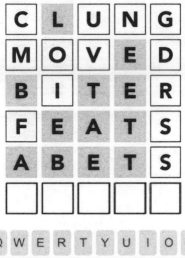

Puzzle 4
Clue:
responsibility

5

Puzzle 5
Clue: gift

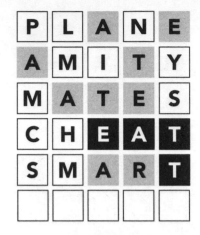

Puzzle 6
Clue: graph

Puzzle 7
Clue: form

Puzzle 8
Clue: error

Puzzle 9
Clue: push

D	R	A	F	T
A	C	H	E	S
A	S	H	E	N
S	H	I	L	L
S	H	A	P	E

Q W E R T Y U I O P
A S D F G H J K L
Z X C V B N M

Puzzle 10
Clue: tool

B	I	S	O	N
P	L	U	M	S
S	T	R	A	P
S	P	E	A	R
S	P	I	C	E

Q W E R T Y U I O P
A S D F G H J K L
Z X C V B N M

Puzzle 11
Clue: fear

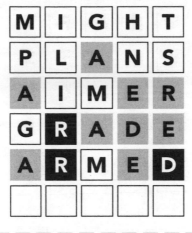

Puzzle 12
Clue: vast

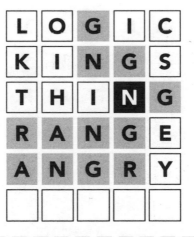

Puzzle 13
Clue: official

Puzzle 14
Clue: pile

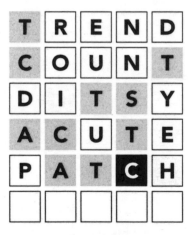

Puzzle 15
Clue: fix

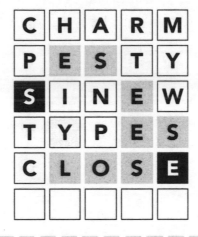

Puzzle 16
Clue: pain

11

Puzzle 17
Clue: moor

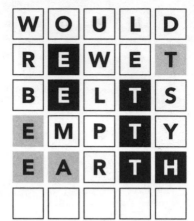

Puzzle 18
Clue:
protrusion

Puzzle 19
Clue: remove

U	R	B	A	N
G	R	A	N	D
L	A	T	E	R
S	P	O	R	T
P	A	R	T	S

QWERTYUIOP
ASDFGHJKL
ZXCVBNM

Puzzle 20
Clue: grasp

O	F	T	E	N
B	A	U	L	K
L	A	N	E	S
I	N	A	P	T
L	Y	I	N	G

QWERTYUIOP
ASDFGHJKL
ZXCVBNM

Puzzle 21
Clue: ascend

A	M	O	N	G
R	O	M	A	N
M	A	R	K	S
M	E	T	A	L
C	L	A	I	M

Q W E R T Y U I O P
A S D F G H J K L
Z X C V B N M

Puzzle 22
Clue: training

S	P	R	A	Y
M	I	C	R	O
F	I	R	S	T
G	R	I	N	S
P	R	I	Z	E

Q W E R T Y U I O P
A S D F G H J K L
Z X C V B N M

14

Puzzle 23
Clue: marker

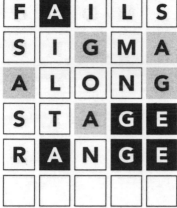

Puzzle 24
Clue:
obliged

EASY

Puzzle 25
Clue: salute

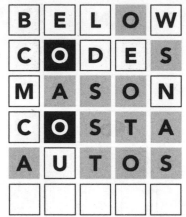

Puzzle 26
Clue: competence

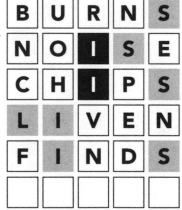

16

Puzzle 27
Clue: fret

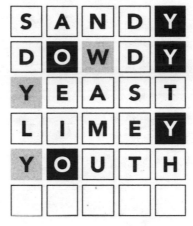

Puzzle 28
Clue: stuff

E
A
S
Y

Puzzle 29
Clue: tear

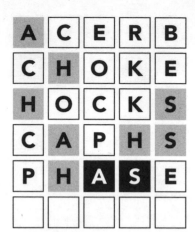

A	C	E	R	B
C	H	O	K	E
H	O	C	K	S
C	A	P	H	S
P	H	A	S	E

Q W E R T Y U I O P
A S D F G H J K L
Z X C V B N M

Puzzle 30
Clue: lady

M	O	U	R	N
B	R	I	D	E
C	O	U	L	D
S	A	N	D	Y
D	E	A	T	H

Q W E R T Y U I O P
A S D F G H J K L
Z X C V B N M

18

Puzzle 31
Clue: portion

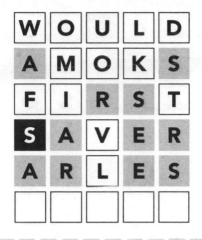

Puzzle 32
Clue: throw

Puzzle 33
Clue: simple

B	O	A	T	S
M	A	Y	O	R
C	A	R	G	O
C	H	I	N	A
A	L	I	G	N

```
Q W E R T Y U I O P
 A S D F G H J K L
   Z X C V B N M
```

Puzzle 34
Clue: dispute

V	I	E	W	Y
E	X	T	O	L
W	I	L	E	D
F	L	A	M	Y
C	A	R	L	S

```
Q W E R T Y U I O P
 A S D F G H J K L
   Z X C V B N M
```

20

Puzzle 35
Clue: speech

W A C K Y
G L E N S
S H I F T
G E O I D
V I D E O

Q W E R T Y U I O P
A S D F G H J K L
Z X C V B N M

Puzzle 36
Clue: prop

L O W E R
I V O R Y
V E N O M
S P E N D
S O U N D

Q W E R T Y U I O P
A S D F G H J K L
Z X C V B N M

Puzzle 37
Clue: wife

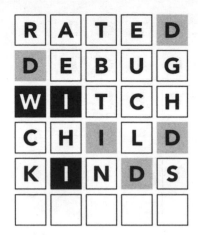

R	A	T	E	D
D	E	B	U	G
W	I	T	C	H
C	H	I	L	D
K	I	N	D	S

Q W E R T Y U I O P
A S D F G H J K L
Z X C V B N M

Puzzle 38
Clue: girl

D	E	L	A	Y
T	A	B	L	E
M	A	C	E	S
C	H	A	N	T
S	I	N	C	E

Q W E R T Y U I O P
A S D F G H J K L
Z X C V B N M

Puzzle 39
Clue: student

Puzzle 40
Clue: castle

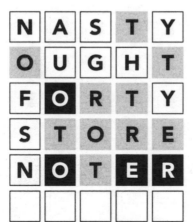

Puzzle 41
Clue: monarch

Puzzle 42
Clue: water

Puzzle 43
Clue: peak

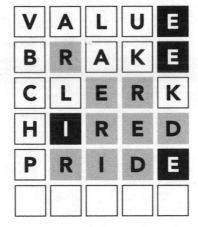

Puzzle 44
Clue: press

E
A
S
Y

25

Puzzle 45
Clue: attempt

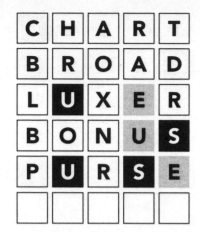

Puzzle 46
Clue: strong

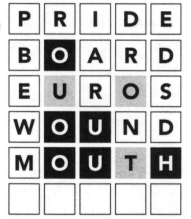

Puzzle 47
Clue: box

Puzzle 48
Clue: fun

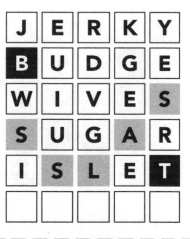

Puzzle 49
Clue:
fastener

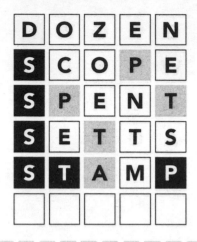

Puzzle 50
Clue:
minder

Puzzle 51
Clue: perfect

B	R	O	W	N
W	Y	N	D	S
K	I	N	D	A
A	U	D	I	T
N	I	D	A	L

Q W E R T Y U I O P
A S D F G H J K L
Z X C V B N M

Puzzle 52
Clue:
sharpness

R	E	A	L	M
G	R	A	C	E
S	C	R	E	W
B	R	U	S	H
D	R	I	N	K

Q W E R T Y U I O P
A S D F G H J K L
Z X C V B N M

Puzzle 53
Clue: flowing

Puzzle 54
Clue: happy

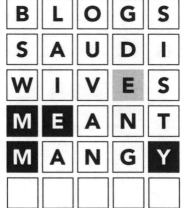

Puzzle 55
Clue: nerves

```
D O U S E
S H A K E
F L A X Y
S I T A R
A V I O N
□ □ □ □ □
```

Q W E R T Y U I O P
A S D F G H J K L
Z X C V B N M

Puzzle 56
Clue: foreign

```
S A T I N
G H O S T
G I T C H
M O T H Y
C H A O S
□ □ □ □ □
```

Q W E R T Y U I O P
A S D F G H J K L
Z X C V B N M

Puzzle 57
Clue: metal

T	U	N	E	S
Y	O	U	N	G
O	R	G	A	N
P	L	A	T	E
B	R	A	I	D

Q W E R T Y U I O P
A S D F G H J K L
Z X C V B N M

Puzzle 58
Clue: lift

M	O	V	E	D
W	O	M	E	N
A	G	A	T	E
L	A	T	E	R
T	R	I	A	L

Q W E R T Y U I O P
A S D F G H J K L
Z X C V B N M

32

Puzzle 59
Clue: trench

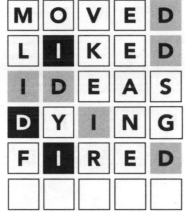

Puzzle 60
Clue: snappy

Puzzle 61
Clue: globe

Puzzle 62
Clue: pursuit

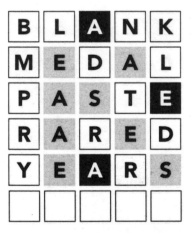

Puzzle 63
Clue: splice

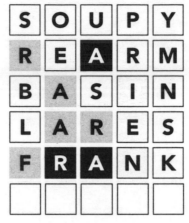

S	O	U	P	Y
R	E	A	R	M
B	A	S	I	N
L	A	R	E	S
F	R	A	N	K

Q W E R T Y U I O P
A S D F G H J K L
Z X C V B N M

Puzzle 64
Clue:
splurge

M	O	R	A	L
C	A	R	G	O
P	A	N	E	L
P	L	A	I	N
O	P	E	N	S

Q W E R T Y U I O P
A S D F G H J K L
Z X C V B N M

35

Puzzle 65
Clue: sculpt

J	O	H	N	S
R	O	M	A	N
B	R	A	I	N
R	E	L	A	X
E	A	R	T	H

Q W E R T Y U I O P
A S D F G H J K L
Z X C V B N M

Puzzle 66
Clue: carrier

S	P	A	N	K
A	D	U	L	T
K	N	O	W	S
C	A	R	G	O
L	O	W	E	R

Q W E R T Y U I O P
A S D F G H J K L
Z X C V B N M

36

Puzzle 67
Clue: light

Puzzle 68
Clue: embed

Puzzle 69
Clue: sound

B	O	N	E	Y
T	R	A	I	N
I	D	I	O	T
L	O	S	E	R
S	L	A	C	K

Q W E R T Y U I O P
A S D F G H J K L
Z X C V B N M

Puzzle 70
Clue: under

P	A	N	T	S
E	A	R	T	H
B	R	I	D	E
B	L	A	C	K
C	A	B	L	E

Q W E R T Y U I O P
A S D F G H J K L
Z X C V B N M

38

Puzzle 71
Clue: forbid

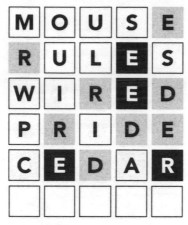

Puzzle 72
Clue: coin

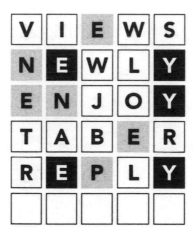

Puzzle 73
Clue: useful

Puzzle 74
Clue:
imagine

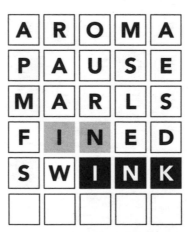

Puzzle 75
Clue: achievement

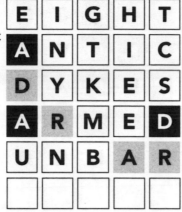

E	I	G	H	T
A	N	T	I	C
D	Y	K	E	S
A	R	M	E	D
U	N	B	A	R

Q W E R T Y U I O P
A S D F G H J K L
Z X C V B N M

Puzzle 76
Clue: peak

S	A	F	E	R
A	D	M	I	T
R	E	T	R	O
F	I	L	M	S
M	I	X	E	R

Q W E R T Y U I O P
A S D F G H J K L
Z X C V B N M

Puzzle 77
Clue: surprise

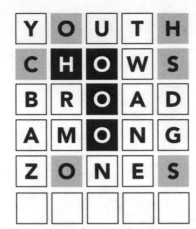

Puzzle 78
Clue: more

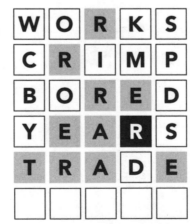

Puzzle 79
Clue: each

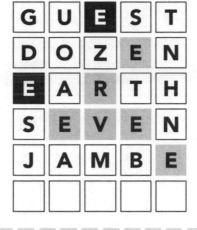

Puzzle 80
Clue: dear

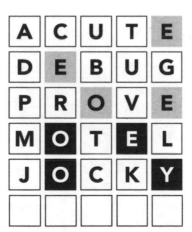

Puzzle 81
Clue: chill

B	A	S	I	N
C	O	S	T	A
A	F	T	E	R
C	R	E	A	M
H	E	A	R	T

```
Q W E R T Y U I O P
 A S D F G H J K L
   Z X C V B N M
```

Puzzle 82
Clue:
pleased

K	I	N	G	S
H	A	Y	E	R
M	A	C	R	O
S	H	O	V	E
G	R	O	U	T

```
Q W E R T Y U I O P
 A S D F G H J K L
   Z X C V B N M
```

44

Puzzle 83
Clue: flat

Puzzle 84
Clue: sauce

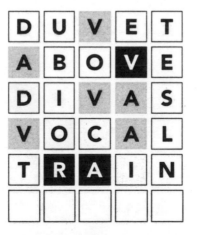

Puzzle 85
Clue: soul

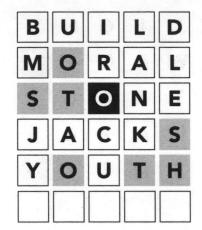

Puzzle 86
Clue: pale

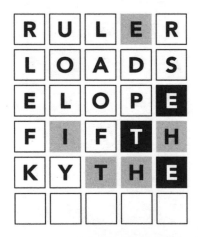

Puzzle 87
Clue: claim

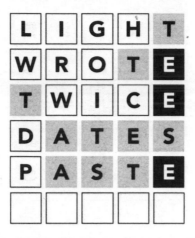

L	I	G	H	T
W	R	O	T	E
T	W	I	C	E
D	A	T	E	S
P	A	S	T	E

Q W E R T Y U I O P
A S D F G H J K L
Z X C V B N M

Puzzle 88
Clue: intent

F	I	R	E	D
A	U	T	O	S
S	A	L	V	E
P	L	A	N	S
C	L	A	M	P

Q W E R T Y U I O P
A S D F G H J K L
Z X C V B N M

Puzzle 89
Clue: cough

T	A	R	O	T
C	A	N	T	O
S	C	A	L	E
T	W	I	C	E
C	O	M	E	S

Q	W	E	R	T	Y	U	I	O	P

A	S	D	F	G	H	J	K	L

Z	X	C	V	B	N	M

Puzzle 90
Clue: fruit

U	N	F	I	X
A	L	I	E	N
B	A	W	L	S
P	E	A	R	L
C	A	C	H	E

Q	W	E	R	T	Y	U	I	O	P

A	S	D	F	G	H	J	K	L

Z	X	C	V	B	N	M

Puzzle 91
Clue: steer

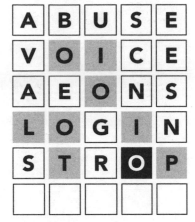

Puzzle 92
Clue:
childish

Puzzle 93
Clue: entertain

Puzzle 94
Clue: board

Puzzle 95
Clue:
instruct

Puzzle 96
Clue: lesser

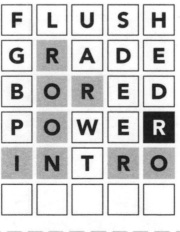

Puzzle 97
Clue: speciality

E	X	A	M	S
D	E	B	U	T
M	O	D	E	S
F	I	F	T	Y
F	I	R	E	D

Q W E R T Y U I O P
A S D F G H J K L
Z X C V B N M

Puzzle 98
Clue: zip

R	O	U	G	E
D	O	Z	E	N
A	R	M	E	D
H	I	R	E	D
S	A	V	E	D

Q W E R T Y U I O P
A S D F G H J K L
Z X C V B N M

Puzzle 99
Clue: muck

B	A	K	E	R
S	T	Y	M	Y
C	H	I	C	K
F	I	R	S	T
F	I	G	H	T

```
Q W E R T Y U I O P
 A S D F G H J K L
  Z X C V B N M
```

Puzzle 100
Clue: green

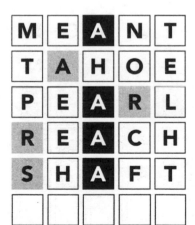

M	E	A	N	T
T	A	H	O	E
P	E	A	R	L
R	E	A	C	H
S	H	A	F	T

```
Q W E R T Y U I O P
 A S D F G H J K L
  Z X C V B N M
```

Puzzle 101
Clue: mark

Puzzle 102
Clue: twig

Puzzle 103
Clue: cheek

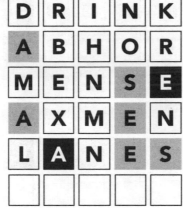

Puzzle 104
Clue:
massive

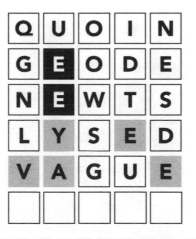

E
A
S
Y

Puzzle 105
Clue: view

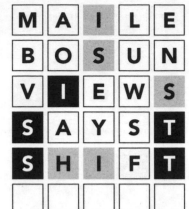

M	A	I	L	E
B	O	S	U	N
V	I	E	W	S
S	A	Y	S	T
S	H	I	F	T

Q W E R T Y U I O P
A S D F G H J K L
Z X C V B N M

Puzzle 106
Clue: seam

H	E	I	R	S
C	H	E	E	R
O	R	B	I	T
C	A	M	P	Y
C	A	R	G	O

Q W E R T Y U I O P
A S D F G H J K L
Z X C V B N M

Puzzle 107
Clue: liquid

Y	O	U	N	G
B	E	A	N	S
G	R	A	D	E
C	R	E	A	M
L	A	R	G	E

Puzzle 108
Clue: show

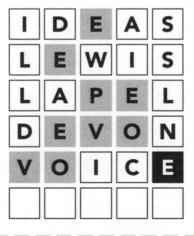

I	D	E	A	S
L	E	W	I	S
L	A	P	E	L
D	E	V	O	N
V	O	I	C	E

Puzzle 109
Clue: pick

O	X	I	D	E
S	E	T	U	P
Q	U	I	E	T
E	I	G	H	T
E	M	P	T	Y

Q W E R T Y U I O P
A S D F G H J K L
Z X C V B N M

Puzzle 110
Clue: unreliable

T	R	A	I	N
V	I	S	T	A
D	E	A	L	S
C	L	O	U	D
O	D	D	L	Y

Q W E R T Y U I O P
A S D F G H J K L
Z X C V B N M

Puzzle 111
Clue: bury

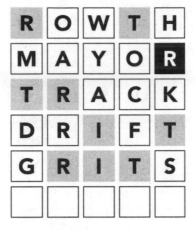

Puzzle 112
Clue: change

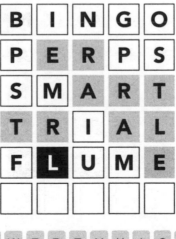

EASY

Puzzle 113
Clue:
relative

S	Q	U	A	D
Y	O	U	T	H
B	A	N	D	Y
M	E	N	U	S
B	E	G	U	N

Q W E R T Y U I O P
A S D F G H J K L
Z X C V B N M

Puzzle 114
Clue:
cruelty

C	U	R	V	E
O	L	D	E	R
C	L	E	A	N
V	I	E	W	S
S	E	R	I	F

Q W E R T Y U I O P
A S D F G H J K L
Z X C V B N M

Puzzle 115
Clue: clump

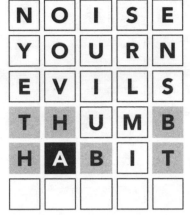

Puzzle 116
Clue:
platform

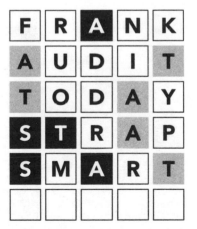

Puzzle 117
Clue: knife

M	E	N	U	S
E	V	I	L	S
F	I	L	E	D
D	E	A	L	T
A	M	P	L	E

Q W E R T Y U I O P
A S D F G H J K L
Z X C V B N M

Puzzle 118
Clue: aerosol

S	O	L	I	D
S	I	G	H	T
B	E	A	S	T
S	U	G	A	R
S	M	A	R	T

Q W E R T Y U I O P
A S D F G H J K L
Z X C V B N M

Puzzle 119
Clue: drink

Puzzle 120
Clue: song

Puzzle 121
Clue: block

B	A	T	H	S
B	E	L	O	W
B	E	A	S	T
U	R	B	A	N
B	R	A	I	E

Q W E R T Y U I O P
A S D F G H J K L
Z X C V B N M

Puzzle 122
Clue: passage

C	O	U	T	H
Y	A	C	H	T
P	Y	R	A	N
T	O	D	A	Y
F	A	I	R	Y

Q W E R T Y U I O P
A S D F G H J K L
Z X C V B N M

Puzzle 123
Clue: little

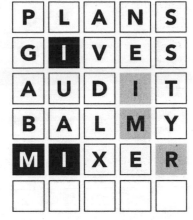

Puzzle 124
Clue: coarse

Puzzle 125
Clue: waste

C	E	N	T	U
M	A	C	A	W
D	R	O	P	S
P	I	C	K	Y
S	T	I	C	K

Q W E R T Y U I O P
A S D F G H J K L
Z X C V B N M

Puzzle 126
Clue:
impossible

S	T	U	D	Y
B	H	A	J	I
A	L	O	N	G
C	R	O	W	N
N	I	T	R	E

Q W E R T Y U I O P
A S D F G H J K L
Z X C V B N M

Puzzle 127
Clue: frank

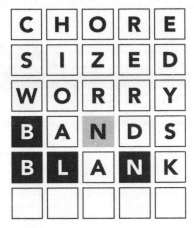

Puzzle 128
Clue: mist

Puzzle 129
Clue: be

Puzzle 130
Clue: important

Puzzle 131
Clue: frown

Puzzle 132
Clue: holy

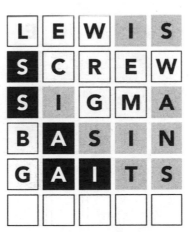

Puzzle 133
Clue: trail

Puzzle 134
Clue:
flowers

Puzzle 135
Clue: crawl

Puzzle 136
Clue: decline

71

Puzzle 137
Clue: voucher

D	I	R	T	S
B	A	G	G	Y
C	A	C	A	O
T	U	N	E	S
O	F	T	E	N

```
Q W E R T Y U I O P
 A S D F G H J K L
   Z X C V B N M
```

Puzzle 138
Clue: horrid

O	L	D	E	R
L	E	A	N	T
W	H	A	L	E
A	S	K	E	W
A	L	I	E	N

```
Q W E R T Y U I O P
 A S D F G H J K L
   Z X C V B N M
```

Puzzle 139
Clue: spook

M	O	N	T	H
D	U	T	C	H
A	N	G	L	O
C	L	A	I	M
B	A	Y	E	R

Q W E R T Y U I O P
A S D F G H J K L
Z X C V B N M

Puzzle 140
Clue: short

M	A	R	C	H
R	U	G	B	Y
O	R	B	I	T
B	R	A	I	N
B	R	I	D	E

Q W E R T Y U I O P
A S D F G H J K L
Z X C V B N M

Puzzle 141
Clue: teen

Puzzle 142
Clue: wreck

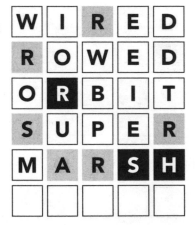

Puzzle 143
Clue: carer

F	O	R	T	Y
C	L	E	A	R
P	R	I	Z	E
W	O	R	S	E
P	E	R	C	H

Q	W	E	R	T	Y	U	I	O	P

A	S	D	F	G	H	J	K	L

Z	X	C	V	B	N	M

Puzzle 144
Clue: teller

D	E	A	L	T
C	A	V	E	S
P	I	E	Z	O
A	N	G	L	E
L	A	K	E	R

Q	W	E	R	T	Y	U	I	O	P

A	S	D	F	G	H	J	K	L

Z	X	C	V	B	N	M

E A S Y

Puzzle 145
Clue: avoid

Puzzle 146
Clue: carry

Puzzle 147
Clue: separate

T	H	R	O	W
F	L	O	E	S
B	L	O	G	S
C	L	U	C	K
S	L	O	P	E

Q W E R T Y U I O P
A S D F G H J K L
Z X C V B N M

Puzzle 148
Clue: food

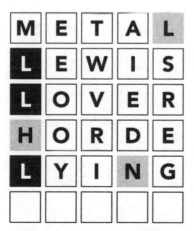

M	E	T	A	L
L	E	W	I	S
L	O	V	E	R
H	O	R	D	E
L	Y	I	N	G

Q W E R T Y U I O P
A S D F G H J K L
Z X C V B N M

Puzzle 149
Clue: cheer

D	A	I	L	Y
O	N	S	E	T
M	O	N	T	H
S	H	O	U	T
T	H	R	O	W

Puzzle 150
Clue: claim

C	R	I	M	E
M	E	N	U	S
B	A	G	E	L
A	B	O	R	T
L	A	D	E	N

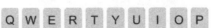

Puzzle 151
Clue: dwelling

C E D A R

H A V E N

H I T C H

Y E A H S

S H A P E

Q W E R T Y U I O P
A S D F G H J K L
Z X C V B N M

Puzzle 152
Clue: happy

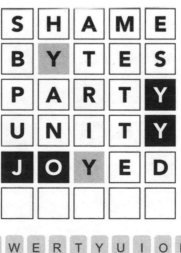

S H A M E

B Y T E S

P A R T Y

U N I T Y

J O Y E D

Q W E R T Y U I O P
A S D F G H J K L
Z X C V B N M

EASY

Puzzle 153
Clue:
direction

M	A	L	E	S
B	R	O	K	E
F	R	A	U	D
T	O	N	E	R
I	N	T	R	O

Q W E R T Y U I O P
A S D F G H J K L
Z X C V B N M

Puzzle 154
Clue:
surprise

E	N	T	R	Y
W	R	O	T	E
D	E	A	L	S
B	R	A	K	E
A	R	G	U	E

Q W E R T Y U I O P
A S D F G H J K L
Z X C V B N M

80

Puzzle 155
Clue: record

O	D	D	L	Y
S	O	L	V	E
A	L	T	E	R
O	C	H	R	E
T	R	E	A	T

Q W E R T Y U I O P
A S D F G H J K L
Z X C V B N M

Puzzle 156
Clue:
partner

E	I	G	H	T
F	A	F	F	S
C	A	R	D	S
S	P	R	A	Y
E	A	R	L	Y

Q W E R T Y U I O P
A S D F G H J K L
Z X C V B N M

Puzzle 157
Clue: fool

C	L	E	A	N
D	R	O	V	E
C	O	U	L	D
D	E	P	O	T
D	O	U	B	T

Puzzle 158
Clue: fluid

M	A	Y	O	R
D	R	O	P	S
A	D	O	P	T
C	L	O	U	D
C	O	U	L	D

Puzzle 159
Clue: while

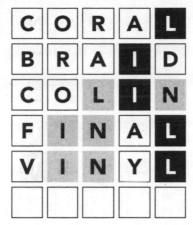

C	O	R	A	L
B	R	A	I	D
C	O	L	I	N
F	I	N	A	L
V	I	N	Y	L

QWERTYUIOP
ASDFGHJKL
ZXCVBNM

Puzzle 160
Clue: link

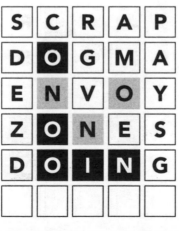

S	C	R	A	P
D	O	G	M	A
E	N	V	O	Y
Z	O	N	E	S
D	O	I	N	G

QWERTYUIOP
ASDFGHJKL
ZXCVBNM

Puzzle 161
Clue: possible

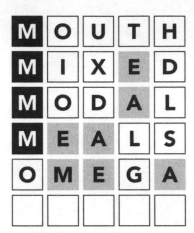

M	O	U	T	H
M	I	X	E	D
M	O	D	A	L
M	E	A	L	S
O	M	E	G	A

Q W E R T Y U I O P
A S D F G H J K L
Z X C V B N M

Puzzle 162
Clue: cost

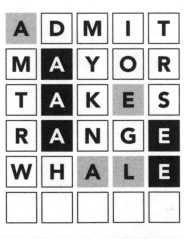

A	D	M	I	T
M	A	Y	O	R
T	A	K	E	S
R	A	N	G	E
W	H	A	L	E

Q W E R T Y U I O P
A S D F G H J K L
Z X C V B N M

Puzzle 163
Clue: sphere

Puzzle 164
Clue: gaze

Puzzle 165
Clue: ping

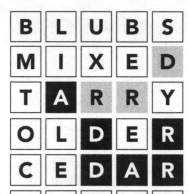

B	L	U	B	S
M	I	X	E	D
T	A	R	R	Y
O	L	D	E	R
C	E	D	A	R

Q W E R T Y U I O P
A S D F G H J K L
Z X C V B N M

Puzzle 166
Clue: make

S	H	O	T	S
C	O	U	G	H
C	O	V	I	D
T	R	A	C	E
T	R	A	C	K

Q W E R T Y U I O P
A S D F G H J K L
Z X C V B N M

86

Puzzle 167
Clue: surprise

C	L	A	C	K
E	D	I	F	Y
F	E	R	N	Y
Q	U	E	S	T
T	U	N	E	S

Puzzle 168
Clue: deluge

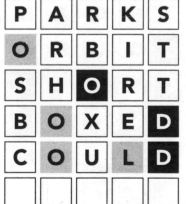

P	A	R	K	S
O	R	B	I	T
S	H	O	R	T
B	O	X	E	D
C	O	U	L	D

Puzzle 169
Clue:
fastener

Puzzle 170
Clue: concur

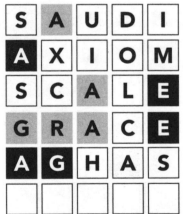

Puzzle 171
Clue: redden

Puzzle 172
Clue: airy

Puzzle 173
Clue: bully

F	I	R	E	D
H	E	R	B	Y
L	U	X	E	S
S	P	E	N	T
P	A	S	T	E

Puzzle 174
Clue:
digression

O	R	A	C	Y
W	H	E	A	T
B	A	K	E	R
V	E	G	A	S
S	L	A	V	E

Puzzle 175
Clue: foreign

P	O	P	P	Y
B	A	T	H	E
R	E	L	A	X
S	L	A	V	E
C	L	E	A	R

Q W E R T Y U I O P
A S D F G H J K L
Z X C V B N M

Puzzle 176
Clue: wide

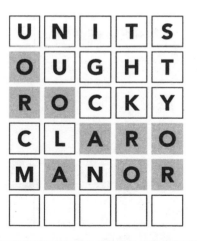

U	N	I	T	S
O	U	G	H	T
R	O	C	K	Y
C	L	A	R	O
M	A	N	O	R

Q W E R T Y U I O P
A S D F G H J K L
Z X C V B N M

Puzzle 177
Clue: hollow

L	O	D	G	E
T	O	N	E	S
D	E	B	U	R
E	X	I	S	T
R	A	T	E	D

Q W E R T Y U I O P
A S D F G H J K L
Z X C V B N M

Puzzle 178
Clue: join

C	R	A	W	S
E	G	Y	P	T
D	E	B	U	T
Q	U	I	E	T
Q	U	I	T	E

Q W E R T Y U I O P
A S D F G H J K L
Z X C V B N M

Puzzle 179
Clue: online

Puzzle 180
Clue: beside

Puzzle 181
Clue: active

W	R	O	N	G
M	E	N	U	S
B	E	L	O	W
H	O	T	E	L
L	I	V	E	D

Q W E R T Y U I O P
A S D F G H J K L
Z X C V B N M

Puzzle 182
Clue: renown

P	A	C	K	S
R	E	I	G	N
R	I	D	G	E
W	R	O	N	G
R	O	U	G	E

Q W E R T Y U I O P
A S D F G H J K L
Z X C V B N M

94

Puzzle 183
Clue: brush

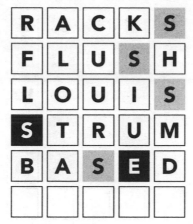

```
R A C K S
F L U S H
L O U I S
S T R U M
B A S E D
□ □ □ □ □
```

Q W E R T Y U I O P
A S D F G H J K L
Z X C V B N M

Puzzle 184
Clue: now

```
K I T H E
T R A C K
T A K E S
N A S T Y
T R I P E
□ □ □ □ □
```

Q W E R T Y U I O P
A S D F G H J K L
Z X C V B N M

Puzzle 185
Clue: keen

D	E	B	U	T
T	R	I	E	S
P	E	A	R	L
L	A	Y	E	R
S	A	V	E	R

Q W E R T Y U I O P
A S D F G H J K L
Z X C V B N M

Puzzle 186
Clue:
massive

B	I	K	E	S
S	E	R	U	M
L	E	A	R	N
Y	U	R	T	S
C	E	D	A	R

Q W E R T Y U I O P
A S D F G H J K L
Z X C V B N M

Puzzle 187
Clue: sport

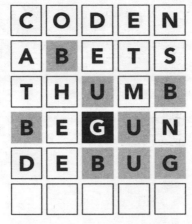

C	O	D	E	N
A	B	E	T	S
T	H	U	M	B
B	E	G	U	N
D	E	B	U	G

Q W E R T Y U I O P
A S D F G H J K L
Z X C V B N M

Puzzle 188
Clue:
examine

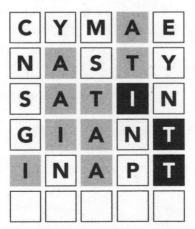

C	Y	M	A	E
N	A	S	T	Y
S	A	T	I	N
G	I	A	N	T
I	N	A	P	T

Q W E R T Y U I O P
A S D F G H J K L
Z X C V B N M

Puzzle 189
Clue: snow

Puzzle 190
Clue: spread

Puzzle 191
Clue: meat

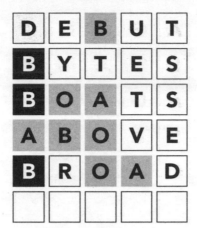

Puzzle 192
Clue: descent

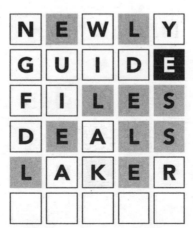

Puzzle 193
Clue: barrier

W	I	N	G	S
B	R	A	I	N
N	O	I	S	E
L	A	N	E	S
D	A	N	C	E

Q W E R T Y U I O P
A S D F G H J K L
Z X C V B N M

Puzzle 194
Clue: cool

M	O	D	E	L
L	I	V	E	D
P	I	L	O	T
W	E	N	C	H
L	Y	I	N	G

Q W E R T Y U I O P
A S D F G H J K L
Z X C V B N M

Puzzle 195
Clue: stamp

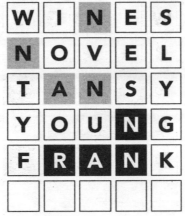

W	I	N	E	S
N	O	V	E	L
T	A	N	S	Y
Y	O	U	N	G
F	R	A	N	K

Q W E R T Y U I O P
A S D F G H J K L
Z X C V B N M

Puzzle 196
Clue: award

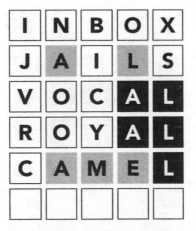

I	N	B	O	X
J	A	I	L	S
V	O	C	A	L
R	O	Y	A	L
C	A	M	E	L

Q W E R T Y U I O P
A S D F G H J K L
Z X C V B N M

Puzzle 197
Clue: stand

S	H	O	C	K
H	O	U	N	D
D	R	U	G	S
P	A	R	T	Y
B	E	A	R	S

Q W E R T Y U I O P
A S D F G H J K L
Z X C V B N M

Puzzle 198
Clue: news

Y	O	U	T	H
K	I	N	D	S
A	U	D	I	O
R	A	D	I	O
D	I	V	A	S

Q W E R T Y U I O P
A S D F G H J K L
Z X C V B N M

Puzzle 199
Clue: bird

Puzzle 200
Clue: sheer

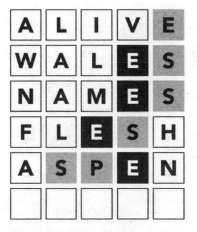

Puzzle 201
Clue: fashion

Puzzle 202
Clue: chivvy

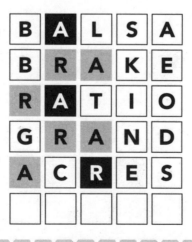

Puzzle 203
Clue: bone

G	I	B	E	S
K	A	Y	A	K
R	H	Y	M	E
H	A	W	E	D
N	E	A	T	H

Q W E R T Y U I O P
A S D F G H J K L
Z X C V B N M

Puzzle 204
Clue: malicious

S	O	A	P	Y
C	A	N	T	S
W	I	N	C	H
D	U	C	K	S
G	R	U	F	F

Q W E R T Y U I O P
A S D F G H J K L
Z X C V B N M

Puzzle 205
Clue:
distress

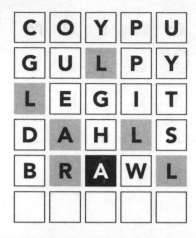

Puzzle 206
Clue:
gathering

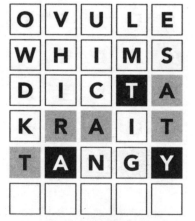

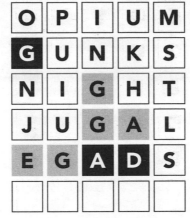

Puzzle 208
Clue:
accurate

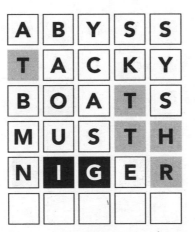

MEDIUM

107

Puzzle 209
Clue: analysis

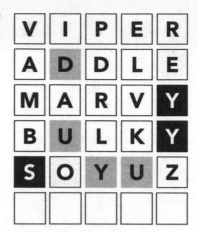

Puzzle 210
Clue: funny

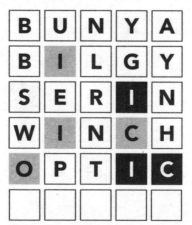

Puzzle 211
Clue: plank

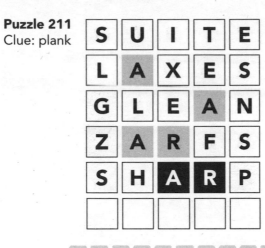

S	U	I	T	E
L	A	X	E	S
G	L	E	A	N
Z	A	R	F	S
S	H	A	R	P

Puzzle 212
Clue: bird

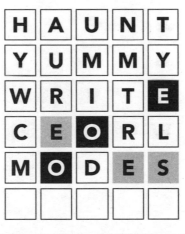

H	A	U	N	T
Y	U	M	M	Y
W	R	I	T	E
C	E	O	R	L
M	O	D	E	S

Puzzle 213
Clue: prepare

H	O	O	C	H
S	A	U	D	I
K	I	N	D	A
D	A	I	L	Y
B	A	D	L	Y

Q W E R T Y U I O P
A S D F G H J K L
Z X C V B N M

Puzzle 214
Clue: piece

A	V	O	I	D
F	L	Y	B	Y
H	I	V	E	D
R	O	U	G	H
S	H	R	U	B

Q W E R T Y U I O P
A S D F G H J K L
Z X C V B N M

MEDIUM

110

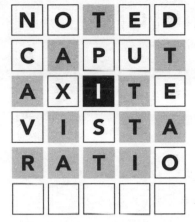

Puzzle 216
Clue: force

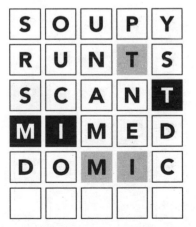

M
E
D
I
U
M

Puzzle 217
Clue: save

L	A	Y	U	P
B	U	R	K	A
M	U	D	R	A
C	R	A	F	T
T	I	R	L	S

Puzzle 218
Clue: firm

Z	A	I	R	E
C	H	O	M	P
G	A	G	E	D
T	O	K	A	Y
B	O	X	E	S

Puzzle 219
Clue: examine

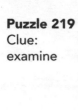
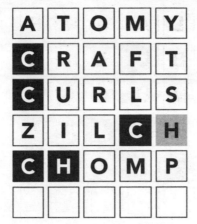

A	T	O	M	Y
C	R	A	F	T
C	U	R	L	S
Z	I	L	C	H
C	H	O	M	P

```
Q W E R T Y U I O P
 A S D F G H J K L
  Z X C V B N M
```

Puzzle 220
Clue: plot

I	L	E	U	M
M	E	T	R	O
T	R	U	N	K
B	U	R	S	A
G	E	R	A	H

```
Q W E R T Y U I O P
 A S D F G H J K L
  Z X C V B N M
```

113

Puzzle 221
Clue: wood

Puzzle 222
Clue: oblivious

Puzzle 223
Clue: strict

O	L	I	V	E
B	A	D	G	E
A	M	P	L	Y
Q	U	A	I	S
T	A	R	O	T

```
Q W E R T Y U I O P
 A S D F G H J K L
  Z X C V B N M
```

M
E
D
I
U
M

Puzzle 224
Clue:
enhance

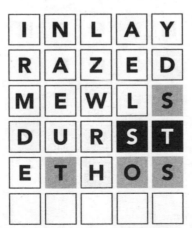

I	N	L	A	Y
R	A	Z	E	D
M	E	W	L	S
D	U	R	S	T
E	T	H	O	S

```
Q W E R T Y U I O P
 A S D F G H J K L
  Z X C V B N M
```

Puzzle 225
Clue: exclusive

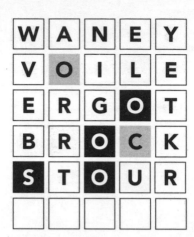

Puzzle 226
Clue: place

Puzzle 227
Clue: warehouse

S	U	X	I	N
G	A	I	N	S
H	E	I	R	S
F	E	L	O	N
C	O	A	S	T

```
Q W E R T Y U I O P
 A S D F G H J K L
   Z X C V B N M
```

Puzzle 228
Clue: empty

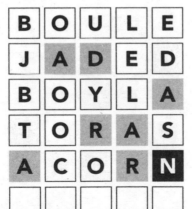

B	O	U	L	E
J	A	D	E	D
B	O	Y	L	A
T	O	R	A	S
A	C	O	R	N

```
Q W E R T Y U I O P
 A S D F G H J K L
   Z X C V B N M
```

117

Puzzle 229
Clue: feel

Puzzle 230
Clue: solemn

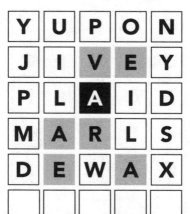

Puzzle 231
Clue: cloth

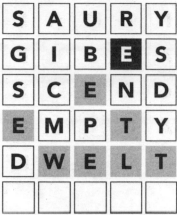

S	A	U	R	Y
G	I	B	E	S
S	C	E	N	D
E	M	P	T	Y
D	W	E	L	T

Q W E R T Y U I O P
A S D F G H J K L
Z X C V B N M

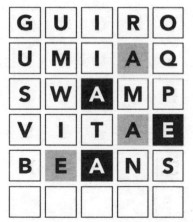

Puzzle 232
Clue: chip

G	U	I	R	O
U	M	I	A	Q
S	W	A	M	P
V	I	T	A	E
B	E	A	N	S

Q W E R T Y U I O P
A S D F G H J K L
Z X C V B N M

MEDIUM

119

Puzzle 233
Clue: supply

N	O	W	A	Y
M	A	F	I	C
G	R	A	I	L
B	U	I	L	D
Q	U	O	T	E

Q W E R T Y U I O P
A S D F G H J K L
Z X C V B N M

Puzzle 234
Clue: courage

B	U	O	Y	S
F	L	U	M	E
Z	O	N	E	S
N	A	R	I	C
H	E	U	G	H

Q W E R T Y U I O P
A S D F G H J K L
Z X C V B N M

Puzzle 235
Clue: homeless

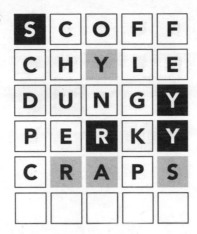

Puzzle 236
Clue: entrance

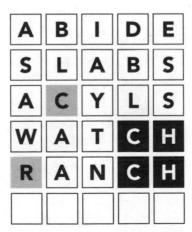

Puzzle 237
Clue: tag

Puzzle 238
Clue: number

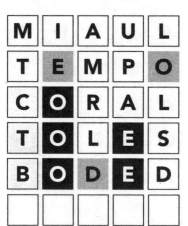

MEDIUM

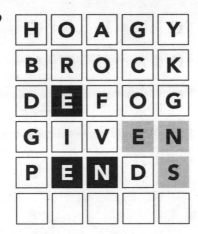

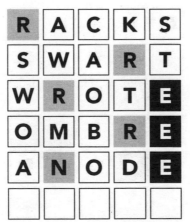

MEDIUM

Puzzle 241
Clue: subject

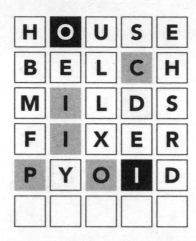

Puzzle 242
Clue: rough

124

Puzzle 243
Clue: grind

G	Y	O	Z	A
V	I	R	T	U
K	I	L	O	S
A	C	T	O	R
A	M	I	C	E

Q W E R T Y U I O P
A S D F G H J K L
Z X C V B N M

Puzzle 244
Clue: end

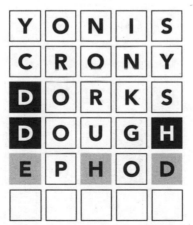

Y	O	N	I	S
C	R	O	N	Y
D	O	R	K	S
D	O	U	G	H
E	P	H	O	D

Q W E R T Y U I O P
A S D F G H J K L
Z X C V B N M

Puzzle 245
Clue: transport

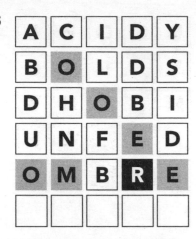

A	C	I	D	Y
B	O	L	D	S
D	H	O	B	I
U	N	F	E	D
O	M	B	R	E

Q W E R T Y U I O P
A S D F G H J K L
Z X C V B N M

Puzzle 246
Clue: digger

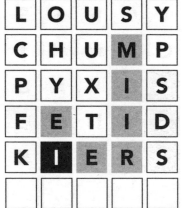

L	O	U	S	Y
C	H	U	M	P
P	Y	X	I	S
F	E	T	I	D
K	I	E	R	S

Q W E R T Y U I O P
A S D F G H J K L
Z X C V B N M

126

Puzzle 247
Clue: pole

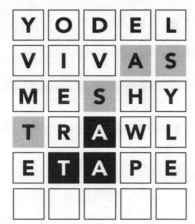

Y	O	D	E	L
V	I	V	A	S
M	E	S	H	Y
T	R	A	W	L
E	T	A	P	E

Puzzle 248
Clue: extra

L	I	V	E	S
G	A	M	U	T
S	Q	U	A	D
S	Y	N	O	D
S	H	E	I	K

Puzzle 249
Clue: covering

Puzzle 250
Clue: icon

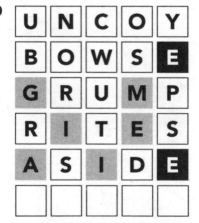

Puzzle 251
Clue: comfort

Puzzle 252
Clue: raw

Puzzle 253
Clue: snack

A	S	K	E	D
B	E	B	O	P
L	O	W	E	R
P	R	O	N	E
T	U	R	N	S

Q W E R T Y U I O P
A S D F G H J K L
Z X C V B N M

Puzzle 254
Clue: cause

Y	O	K	E	S
S	T	O	N	Y
U	N	I	O	N
N	U	M	B	S
A	C	N	E	D

Q W E R T Y U I O P
A S D F G H J K L
Z X C V B N M

130

Puzzle 255
Clue: heap

A	R	I	S	E
T	O	W	N	Y
B	O	A	R	T
C	L	O	V	E
H	O	L	D	S

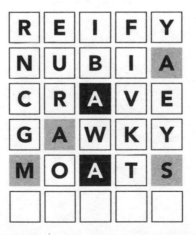

Q W E R T Y U I O P
A S D F G H J K L
Z X C V B N M

Puzzle 256
Clue: slight

R	E	I	F	Y
N	U	B	I	A
C	R	A	V	E
G	A	W	K	Y
M	O	A	T	S

Q W E R T Y U I O P
A S D F G H J K L
Z X C V B N M

MEDIUM

Puzzle 257
Clue:
influence

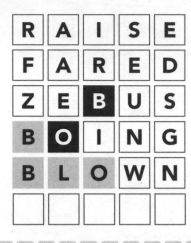

Puzzle 258
Clue:
suggest

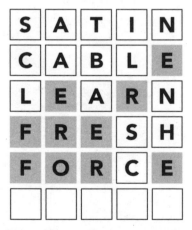

Puzzle 259
Clue: time

S	A	U	R	Y
C	R	A	S	H
S	H	R	U	B
H	O	S	E	D
W	H	E	A	T

Puzzle 260
Clue: discord

T	R	I	E	S
E	V	I	L	S
P	L	O	T	S
H	O	M	E	S
S	H	O	C	K

MEDIUM

133

Puzzle 261
Clue: after

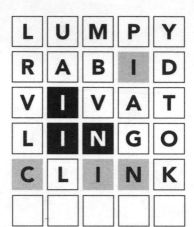

L U M P Y
R A B I D
V I V A T
L I N G O
C L I N K

Q W E R T Y U I O P
A S D F G H J K L
Z X C V B N M

Puzzle 262
Clue: hush

C L O Y S
P L A N S
B L I N K
D E I G N
G R I E F

Q W E R T Y U I O P
A S D F G H J K L
Z X C V B N M

M
E
D
I
U
M

Puzzle 263
Clue: huge

B	I	K	E	S
T	A	R	O	T
B	E	A	N	S
G	R	A	D	E
H	E	A	V	Y

```
Q W E R T Y U I O P
 A S D F G H J K L
   Z X C V B N M
```

Puzzle 264
Clue: gift

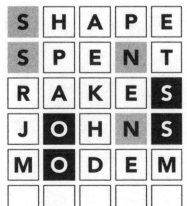

S	H	A	P	E
S	P	E	N	T
R	A	K	E	S
J	O	H	N	S
M	O	D	E	M

```
Q W E R T Y U I O P
 A S D F G H J K L
   Z X C V B N M
```

MEDIUM

Puzzle 265
Clue: door

F	I	N	A	L
A	M	E	N	D
D	E	A	L	S
A	C	U	T	E
E	X	A	C	T

Puzzle 266
Clue:
indulge

B	O	X	E	D
S	C	O	P	E
S	L	A	M	S
E	N	T	R	Y
L	I	G	E	R

Puzzle 267
Clue: young

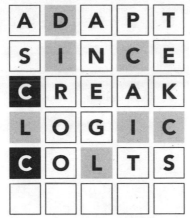

A	D	A	P	T
S	I	N	C	E
C	R	E	A	K
L	O	G	I	C
C	O	L	T	S

Q W E R T Y U I O P
A S D F G H J K L
Z X C V B N M

Puzzle 268
Clue: know

D	E	L	H	I
N	I	G	H	T
H	E	N	R	Y
F	O	R	G	E
M	E	T	R	O

Q W E R T Y U I O P
A S D F G H J K L
Z X C V B N M

Puzzle 269
Clue: resin

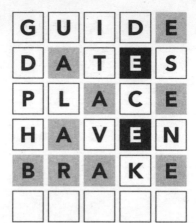

Puzzle 270
Clue: flash

138

Puzzle 271
Clue: snap

R	E	A	D	S
O	X	I	D	E
L	O	G	I	C
C	L	O	U	T
C	H	I	M	P

Puzzle 272
Clue: terminal

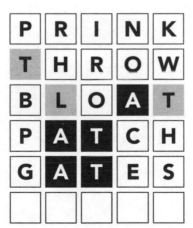

P	R	I	N	K
T	H	R	O	W
B	L	O	A	T
P	A	T	C	H
G	A	T	E	S

M
E
D
I
U
M

Puzzle 273
Clue: base

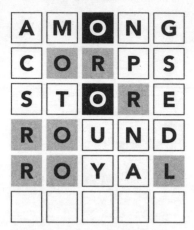

A	M	O	N	G
C	O	R	P	S
S	T	O	R	E
R	O	U	N	D
R	O	Y	A	L

```
Q W E R T Y U I O P
 A S D F G H J K L
  Z X C V B N M
```

Puzzle 274
Clue: step

H	I	T	C	H
J	O	I	N	T
P	L	A	N	E
M	E	T	A	L
B	E	A	S	T

```
Q W E R T Y U I O P
 A S D F G H J K L
  Z X C V B N M
```

Puzzle 275
Clue: prong

K	N	O	W	S
G	A	I	N	S
N	O	I	S	E
B	L	O	N	D
F	O	R	T	Y

Q W E R T Y U I O P
A S D F G H J K L
Z X C V B N M

Puzzle 276
Clue: border

T	H	I	E	F
J	A	U	N	T
R	A	D	I	O
G	R	A	N	D
S	M	A	R	T

Q W E R T Y U I O P
A S D F G H J K L
Z X C V B N M

Puzzle 277
Clue: cut

P	L	A	I	N
Y	O	B	B	Y
F	L	A	S	H
S	H	I	R	T
S	C	R	E	W

Q W E R T Y U I O P
A S D F G H J K L
Z X C V B N M

Puzzle 278
Clue: row

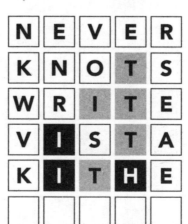

N	E	V	E	R
K	N	O	T	S
W	R	I	T	E
V	I	S	T	A
K	I	T	H	E

Q W E R T Y U I O P
A S D F G H J K L
Z X C V B N M

Puzzle 279
Clue: lordly

W	H	O	S	E
L	U	R	C	H
K	A	B	O	B
F	O	U	L	S
V	O	C	A	L

Q W E R T Y U I O P
A S D F G H J K L
Z X C V B N M

Puzzle 280
Clue: seat

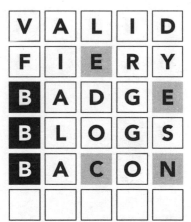

V	A	L	I	D
F	I	E	R	Y
B	A	D	G	E
B	L	O	G	S
B	A	C	O	N

Q W E R T Y U I O P
A S D F G H J K L
Z X C V B N M

MEDIUM

Puzzle 281
Clue: drink

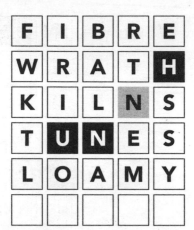

Puzzle 282
Clue: layer

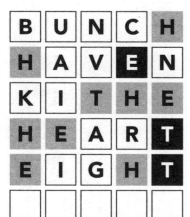

Puzzle 283
Clue: call

M	E	A	N	T
O	F	T	E	N
T	O	K	E	N
O	U	G	H	T
M	O	U	T	H

Q W E R T Y U I O P
A S D F G H J K L
Z X C V B N M

Puzzle 284
Clue: colour

A	R	M	E	D
E	X	A	M	S
G	R	A	D	E
U	R	B	A	N
C	H	I	N	K

Q W E R T Y U I O P
A S D F G H J K L
Z X C V B N M

Puzzle 285
Clue: mark

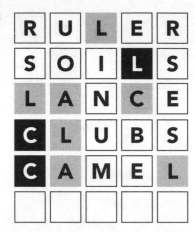

Puzzle 286
Clue: best

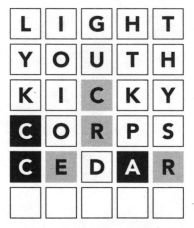

Puzzle 287
Clue: grass

R O U N D
C H E A P
L E A R N
B A K E S
C A G E Y

Puzzle 288
Clue: repeat

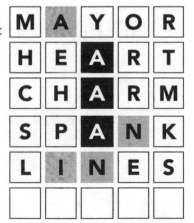

M A Y O R
H E A R T
C H A R M
S P A N K
L I N E S

147

Puzzle 289
Clue: away

H	I	N	D	S
T	R	A	I	L
C	O	M	M	A
S	O	U	N	D
J	O	I	N	T

Q W E R T Y U I O P
A S D F G H J K L
Z X C V B N M

Puzzle 290
Clue: period

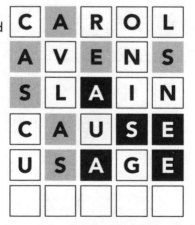

C	A	R	O	L
A	V	E	N	S
S	L	A	I	N
C	A	U	S	E
U	S	A	G	E

Q W E R T Y U I O P
A S D F G H J K L
Z X C V B N M

Puzzle 291
Clue: loss

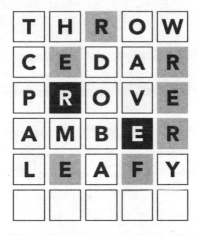

T	H	R	O	W
C	E	D	A	R
P	R	O	V	E
A	M	B	E	R
L	E	A	F	Y

Q W E R T Y U I O P
A S D F G H J K L
Z X C V B N M

Puzzle 292
Clue: sink

W	R	O	T	E
F	O	C	A	L
P	L	A	N	E
M	A	S	O	N
S	A	I	N	T

Q W E R T Y U I O P
A S D F G H J K L
Z X C V B N M

Puzzle 293
Clue: mad

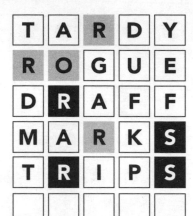

Puzzle 294
Clue: aha

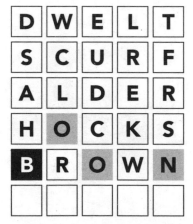

Puzzle 295
Clue: shafts

V	O	C	A	L
L	I	N	E	D
I	D	E	A	L
W	H	I	L	E
W	H	E	L	K

Q W E R T Y U I O P
A S D F G H J K L
Z X C V B N M

Puzzle 296
Clue:
measure

N	O	T	R	E
C	O	U	L	D
C	R	I	M	E
L	O	U	I	S
R	O	U	G	H

Q W E R T Y U I O P
A S D F G H J K L
Z X C V B N M

Puzzle 297
Clue: number

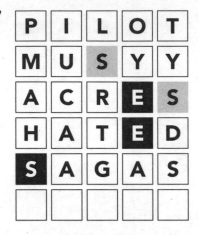

P	I	L	O	T
M	U	S	Y	Y
A	C	R	E	S
H	A	T	E	D
S	A	G	A	S

Q W E R T Y U I O P
A S D F G H J K L
Z X C V B N M

Puzzle 298
Clue: compile

P	H	O	N	E
K	I	T	E	S
J	O	I	N	T
F	I	R	E	S
C	L	A	I	M

Q W E R T Y U I O P
A S D F G H J K L
Z X C V B N M

Puzzle 299
Clue: hill

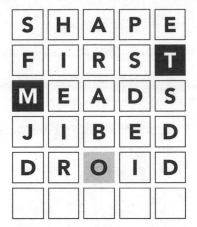

```
S H A P E
F I R S T
M E A D S
J I B E D
D R O I D
_ _ _ _ _
```

```
Q W E R T Y U I O P
 A S D F G H J K L
   Z X C V B N M
```

Puzzle 300
Clue: cook

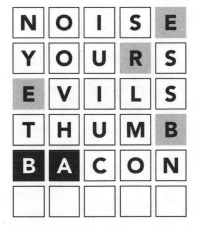

```
N O I S E
Y O U R S
E V I L S
T H U M B
B A C O N
_ _ _ _ _
```

```
Q W E R T Y U I O P
 A S D F G H J K L
   Z X C V B N M
```

Puzzle 301
Clue: repair

Puzzle 302
Clue: grown

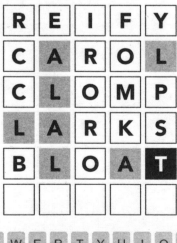

MEDIUM

154

Puzzle 303
Clue: uproar

M	O	G	U	L
B	A	W	D	S
J	E	R	K	Y
C	L	I	F	F
T	I	G	E	R

```
Q W E R T Y U I O P
 A S D F G H J K L
   Z X C V B N M
```

MEDIUM

Puzzle 304
Clue: penalised

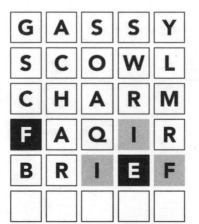

G	A	S	S	Y
S	C	O	W	L
C	H	A	R	M
F	A	Q	I	R
B	R	I	E	F

```
Q W E R T Y U I O P
 A S D F G H J K L
   Z X C V B N M
```

155

Puzzle 305
Clue: mammal

Puzzle 306
Clue: tool

Puzzle 308
Clue: search

MEDIUM

Puzzle 309
Clue: pointer

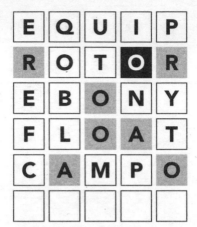

E	Q	U	I	P
R	O	T	O	R
E	B	O	N	Y
F	L	O	A	T
C	A	M	P	O

Puzzle 310
Clue: light

G	U	Y	E	D
S	H	O	V	E
E	D	I	T	S
B	U	C	K	S
S	W	I	N	K

Puzzle 311
Clue: speed

O	D	I	U	M
D	E	R	B	Y
I	N	U	R	E
C	R	A	M	S
K	E	T	O	L

M
E
D
I
U
M

```
Q W E R T Y U I O P
 A S D F G H J K L
  Z X C V B N M
```

Puzzle 312
Clue: big

D	O	P	E	Y
M	O	U	R	N
P	E	O	N	S
W	A	N	L	Y
K	R	A	I	T

```
Q W E R T Y U I O P
 A S D F G H J K L
  Z X C V B N M
```

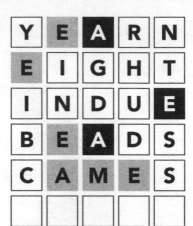

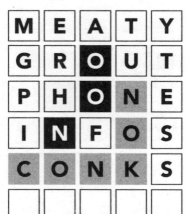

MEDIUM

Puzzle 315
Clue: sweet

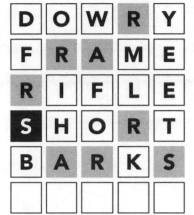

```
D O W R Y
F R A M E
R I F L E
S H O R T
B A R K S
□ □ □ □ □
```

```
Q W E R T Y U I O P
A S D F G H J K L
Z X C V B N M
```

MEDIUM

Puzzle 316
Clue: right

```
I V O R Y
F A K E D
A F O U L
B R E A K
C L A N S
□ □ □ □ □
```

```
Q W E R T Y U I O P
A S D F G H J K L
Z X C V B N M
```

Puzzle 317
Clue: light

J	U	I	C	Y
D	E	B	I	T
C	H	E	V	Y
S	T	O	K	E
P	Y	R	E	S

```
Q W E R T Y U I O P
 A S D F G H J K L
   Z X C V B N M
```

Puzzle 318
Clue: seed

B	O	O	Z	Y
N	U	M	B	S
C	O	N	U	S
P	A	P	A	L
B	R	O	W	N

```
Q W E R T Y U I O P
 A S D F G H J K L
   Z X C V B N M
```

162

Puzzle 319
Clue: paper

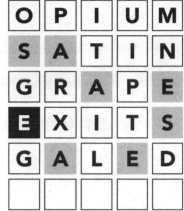

O	P	I	U	M
S	A	T	I	N
G	R	A	P	E
E	X	I	T	S
G	A	L	E	D

Q W E R T Y U I O P
A S D F G H J K L
Z X C V B N M

Puzzle 320
Clue: joint

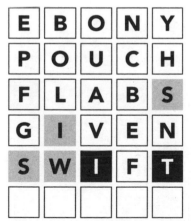

E	B	O	N	Y
P	O	U	C	H
F	L	A	B	S
G	I	V	E	N
S	W	I	F	T

Q W E R T Y U I O P
A S D F G H J K L
Z X C V B N M

MEDIUM

Puzzle 321
Clue:
senior

```
B U T Y L
E X P O S
W I P E R
T A M E D
D E V I L
□ □ □ □ □
```

```
Q W E R T Y U I O P
 A S D F G H J K L
   Z X C V B N M
```

Puzzle 322
Clue:
stately

```
W I F E Y
V I A L S
B A K E R
G N A S H
A M E N D
□ □ □ □ □
```

```
Q W E R T Y U I O P
 A S D F G H J K L
   Z X C V B N M
```

Puzzle 323
Clue:
suggest

Puzzle 324
Clue:
instrument

Puzzle 325
Clue: tally

M	A	N	G	Y
L	I	V	E	D
P	I	T	T	A
W	A	K	E	S
T	H	O	S	E

Q W E R T Y U I O P
A S D F G H J K L
Z X C V B N M

Puzzle 326
Clue: fabric

P	I	Q	U	E
E	A	R	N	S
T	W	A	I	N
T	O	Y	E	D
B	L	O	O	M

Q W E R T Y U I O P
A S D F G H J K L
Z X C V B N M

Puzzle 327
Clue: rest

T O D A Y
M O L A R
G L I T Z
A W F U L
H E A L S

Q W E R T Y U I O P
A S D F G H J K L
Z X C V B N M

Puzzle 328
Clue: fruit

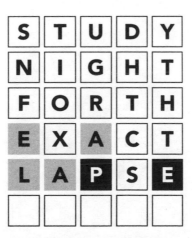

S T U D Y
N I G H T
F O R T H
E X A C T
L A P S E

Q W E R T Y U I O P
A S D F G H J K L
Z X C V B N M

Puzzle 329
Clue:
deserve

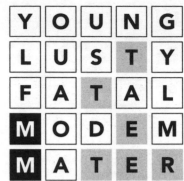

Y	O	U	N	G
L	U	S	T	Y
F	A	T	A	L
M	O	D	E	M
M	A	T	E	R

Q W E R T Y U I O P
A S D F G H J K L
Z X C V B N M

Puzzle 330
Clue: fool

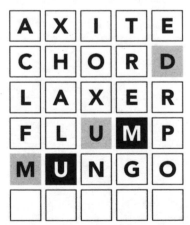

A	X	I	T	E
C	H	O	R	D
L	A	X	E	R
F	L	U	M	P
M	U	N	G	O

Q W E R T Y U I O P
A S D F G H J K L
Z X C V B N M

D A I L Y
B H A J I
A D O Z E
F U M E D
E X U R B

Puzzle 332
Clue: strike

B U M P Y
M O R A E
R E W I N
F I N A L
C A G E S

MEDIUM

169

Puzzle 333
Clue: restorative

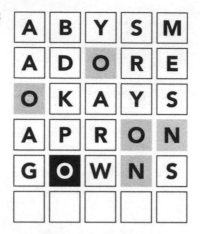

A	B	Y	S	M
A	D	O	R	E
O	K	A	Y	S
A	P	R	O	N
G	O	W	N	S

Q W E R T Y U I O P
A S D F G H J K L
Z X C V B N M

Puzzle 334
Clue: vigilant

N	U	T	T	Y
C	H	I	C	K
B	E	G	O	T
M	A	M	B	A
L	E	A	D	S

Q W E R T Y U I O P
A S D F G H J K L
Z X C V B N M

MEDIUM

Puzzle 335
Clue: mean

Puzzle 336
Clue: rock

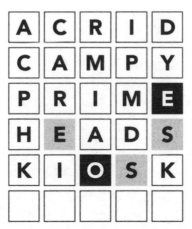

MEDIUM

171

Puzzle 337
Clue: performance

Puzzle 338
Clue: field

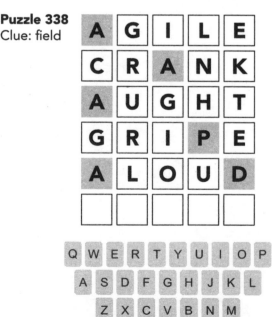

Puzzle 339
Clue:
deduct

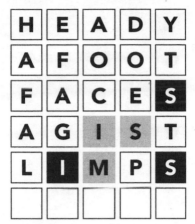

H	E	A	D	Y
A	F	O	O	T
F	A	C	E	S
A	G	I	S	T
L	I	M	P	S

```
Q W E R T Y U I O P
 A S D F G H J K L
   Z X C V B N M
```

Puzzle 340
Clue: top

M	A	I	D	S
A	R	S	O	N
C	H	A	R	T
K	E	F	I	R
M	O	V	E	R

```
Q W E R T Y U I O P
 A S D F G H J K L
   Z X C V B N M
```

Puzzle 341
Clue: suggest

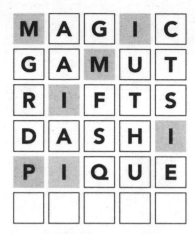

M	A	G	I	C
G	A	M	U	T
R	I	F	T	S
D	A	S	H	I
P	I	Q	U	E

Q W E R T Y U I O P
A S D F G H J K L
Z X C V B N M

Puzzle 342
Clue: irritate

A	R	I	A	S
B	I	N	G	E
C	L	I	N	K
T	W	A	N	G
M	A	N	L	Y

Q W E R T Y U I O P
A S D F G H J K L
Z X C V B N M

174

Puzzle 343
Clue: thicket

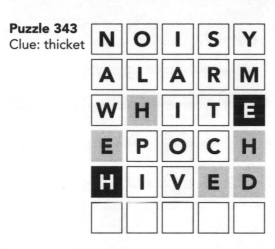

N	O	I	S	Y
A	L	A	R	M
W	H	I	T	E
E	P	O	C	H
H	I	V	E	D

Q W E R T Y U I O P
A S D F G H J K L
Z X C V B N M

Puzzle 344
Clue: firm

M	O	N	E	Y
C	H	A	L	K
R	A	M	E	N
P	R	I	Z	E
D	I	R	T	S

Q W E R T Y U I O P
A S D F G H J K L
Z X C V B N M

Puzzle 345
Clue: category

M	O	I	R	E
A	N	V	I	L
G	U	L	A	G
C	H	A	R	T
B	E	A	M	Y

Q W E R T Y U I O P
A S D F G H J K L
Z X C V B N M

Puzzle 346
Clue: covering

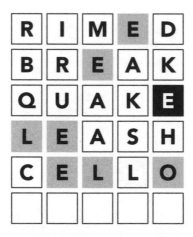

R	I	M	E	D
B	R	E	A	K
Q	U	A	K	E
L	E	A	S	H
C	E	L	L	O

Q W E R T Y U I O P
A S D F G H J K L
Z X C V B N M

Puzzle 347
Clue: innocent

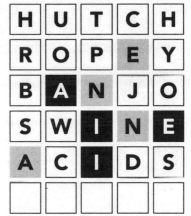

Puzzle 348
Clue: rush

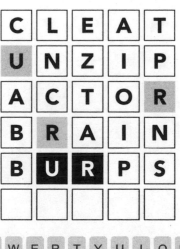

MEDIUM

Puzzle 349
Clue:
vegetable

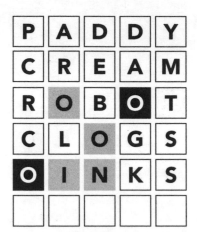

Puzzle 350
Clue:
influence

Puzzle 351
Clue:
suspend

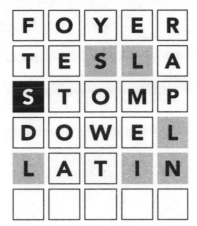

F	O	Y	E	R
T	E	S	L	A
S	T	O	M	P
D	O	W	E	L
L	A	T	I	N

```
Q W E R T Y U I O P
 A S D F G H J K L
   Z X C V B N M
```

Puzzle 352
Clue:
humiliation

B	A	Y	O	U
A	U	R	A	L
T	A	R	D	Y
C	A	P	E	R
H	E	A	T	H

```
Q W E R T Y U I O P
 A S D F G H J K L
   Z X C V B N M
```

MEDIUM

179

Puzzle 353
Clue: locate

Q	U	O	I	N
H	I	N	K	Y
V	I	R	U	S
M	O	W	E	R
P	E	A	C	H

Q W E R T Y U I O P
A S D F G H J K L
Z X C V B N M

Puzzle 354
Clue: rascal

H	A	N	D	Y
G	R	I	M	E
V	O	D	K	A
M	O	W	E	D
E	P	O	C	H

Q W E R T Y U I O P
A S D F G H J K L
Z X C V B N M

Puzzle 355
Clue: pollution

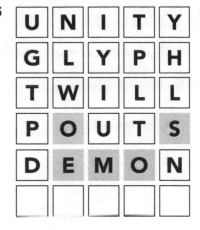

Puzzle 356
Clue: thug

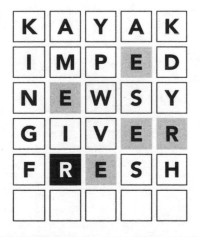

181

Puzzle 357
Clue: exam

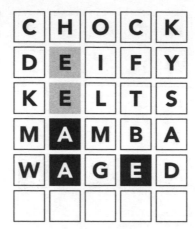

Puzzle 358
Clue: slap

Puzzle 359
Clue: stab

H	O	A	G	Y
W	H	E	Y	S
D	O	P	E	Y
L	I	K	E	N
A	R	I	S	E

Q W E R T Y U I O P
A S D F G H J K L
Z X C V B N M

Puzzle 360
Clue: imagine

L	O	U	I	S
W	E	L	S	H
L	I	E	U	S
Y	E	A	S	T
M	A	C	E	R

Q W E R T Y U I O P
A S D F G H J K L
Z X C V B N M

Puzzle 361
Clue: cord

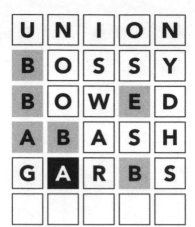

U	N	I	O	N
B	O	S	S	Y
B	O	W	E	D
A	B	A	S	H
G	A	R	B	S

QWERTYUIOP
ASDFGHJKL
ZXCVBNM

Puzzle 362
Clue: cover

A	G	O	N	Y
P	O	L	Y	S
S	P	L	I	T
S	L	U	R	P
H	A	N	D	S

QWERTYUIOP
ASDFGHJKL
ZXCVBNM

MEDIUM

184

Puzzle 363
Clue: toss

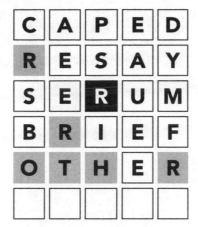

Puzzle 364
Clue: soil

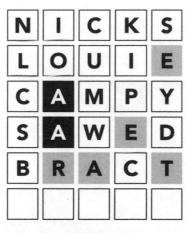

Puzzle 365
Clue: drop

G	A	M	E	Y
C	O	D	E	C
S	W	I	N	G
B	O	R	N	E
Q	U	O	I	N

```
Q W E R T Y U I O P
 A S D F G H J K L
   Z X C V B N M
```

Puzzle 366
Clue: chuckle

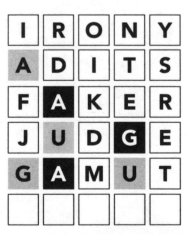

I	R	O	N	Y
A	D	I	T	S
F	A	K	E	R
J	U	D	G	E
G	A	M	U	T

```
Q W E R T Y U I O P
 A S D F G H J K L
   Z X C V B N M
```

Puzzle 367
Clue: prepare

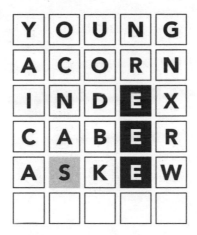

Y	O	U	N	G
A	C	O	R	N
I	N	D	**E**	X
C	A	B	**E**	R
A	S	K	**E**	W

Puzzle 368
Clue: baking

D	A	S	H	I
O	B	E	Y	S
A	E	**O**	N	S
T	O	U	G	H
O	**L**	E	**U**	M

187

Puzzle 369
Clue:
uncertain

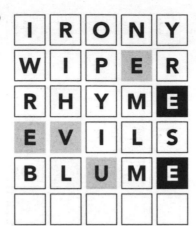

I	R	O	N	Y
W	I	P	E	R
R	H	Y	M	E
E	V	I	L	S
B	L	U	M	E

Q W E R T Y U I O P
A S D F G H J K L
Z X C V B N M

Puzzle 370
Clue:
engine

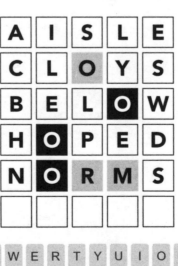

A	I	S	L	E
C	L	O	Y	S
B	E	L	O	W
H	O	P	E	D
N	O	R	M	S

Q W E R T Y U I O P
A S D F G H J K L
Z X C V B N M

Puzzle 371
Clue: race

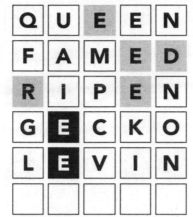

Puzzle 372
Clue: party

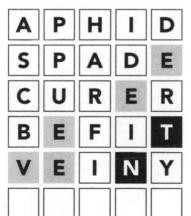

M
E
D
I
U
M

L	U	R	I	D
T	H	Y	M	Y
G	R	O	U	T
C	A	R	V	E
S	M	O	K	E

Q W E R T Y U I O P
A S D F G H J K L
Z X C V B N M

Puzzle 374
Clue:
pastime

A	S	K	E	D
W	A	W	L	S
F	I	N	C	H
H	E	A	R	T
H	O	P	E	D

Q W E R T Y U I O P
A S D F G H J K L
Z X C V B N M

190

Puzzle 375
Clue: scrape

Puzzle 376
Clue: haul

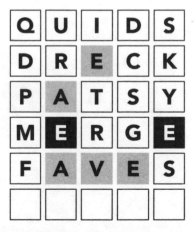

Puzzle 377
Clue: grasp

Puzzle 378
Clue: glide

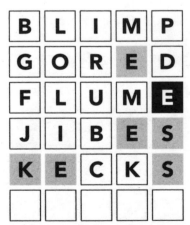

192

Puzzle 379
Clue: weapon

H	A	I	K	U
B	U	L	G	Y
S	C	U	B	A
P	R	A	T	E
G	A	W	K	S

Q W E R T Y U I O P
A S D F G H J K L
Z X C V B N M

Puzzle 380
Clue: little

L	E	A	D	Y
G	R	U	E	L
H	A	R	P	Y
W	H	I	S	K
B	R	U	S	H

Q W E R T Y U I O P
A S D F G H J K L
Z X C V B N M

193

Puzzle 381
Clue:
tempest

P	I	Q	U	E
C	Y	C	L	O
S	H	A	L	E
D	O	G	M	A
O	M	I	T	S

Q W E R T Y U I O P
A S D F G H J K L
Z X C V B N M

Puzzle 382
Clue:
moderately

S	A	N	D	Y
R	U	R	A	L
F	A	U	N	A
K	E	M	P	T
S	Q	U	A	T

Q W E R T Y U I O P
A S D F G H J K L
Z X C V B N M

Puzzle 383
Clue: con

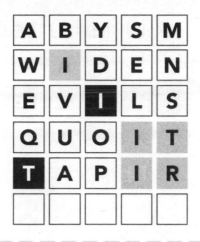

Puzzle 384
Clue:
welcome

Puzzle 385
Clue: gap

B	O	M	B	S
G	R	I	E	F
E	P	O	C	H
A	D	E	P	T
S	L	A	T	E

```
Q W E R T Y U I O P
 A S D F G H J K L
   Z X C V B N M
```

Puzzle 386
Clue: charge

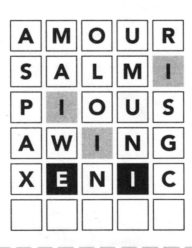

A	M	O	U	R
S	A	L	M	I
P	I	O	U	S
A	W	I	N	G
X	E	N	I	C

```
Q W E R T Y U I O P
 A S D F G H J K L
   Z X C V B N M
```

196

Puzzle 387
Clue:
absurdity

L	O	U	S	Y
T	E	X	A	S
G	A	W	K	Y
C	L	E	R	K
B	R	A	K	E

Q W E R T Y U I O P
A S D F G H J K L
Z X C V B N M

Puzzle 388
Clue: cart

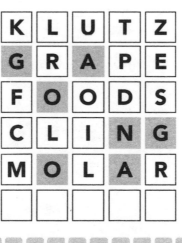

K	L	U	T	Z
G	R	A	P	E
F	O	O	D	S
C	L	I	N	G
M	O	L	A	R

Q W E R T Y U I O P
A S D F G H J K L
Z X C V B N M

Puzzle 389
Clue: foe

D	I	T	C	H
G	R	A	C	E
P	Y	R	O	S
B	A	Y	O	U
A	L	L	E	Y

```
Q W E R T Y U I O P
 A S D F G H J K L
   Z X C V B N M
```

Puzzle 390
Clue: rot

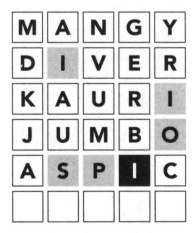

M	A	N	G	Y
D	I	V	E	R
K	A	U	R	I
J	U	M	B	O
A	S	P	I	C

```
Q W E R T Y U I O P
 A S D F G H J K L
   Z X C V B N M
```

MEDIUM

198

Puzzle 391
Clue: affordable

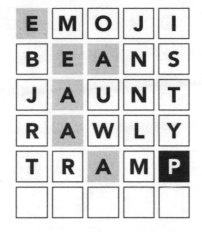

Puzzle 392
Clue: spike

199

Puzzle 393
Clue: roof

G	A	N	G	S
H	Y	D	R	O
C	L	A	I	M
P	E	E	P	S
S	H	O	R	E

Q W E R T Y U I O P
A S D F G H J K L
Z X C V B N M

Puzzle 394
Clue: plod

P	I	K	E	S
A	L	I	G	N
L	O	U	T	S
T	A	W	E	D
A	M	B	I	T

Q W E R T Y U I O P
A S D F G H J K L
Z X C V B N M

MEDIUM

Puzzle 397
Clue: plain

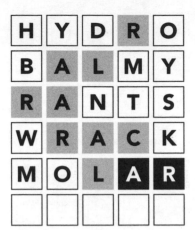

Puzzle 398
Clue: violation

Puzzle 399
Clue: account

H	A	U	L	S
P	U	N	C	H
W	I	L	T	S
V	O	T	E	R
S	E	T	O	N

Q W E R T Y U I O P
A S D F G H J K L
Z X C V B N M

M
E
D
I
U
M

Puzzle 400
Clue: pouch

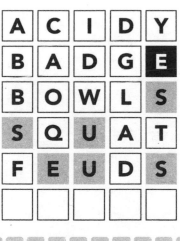

A	C	I	D	Y
B	A	D	G	E
B	O	W	L	S
S	Q	U	A	T
F	E	U	D	S

Q W E R T Y U I O P
A S D F G H J K L
Z X C V B N M

Puzzle 401
Clue: tremble

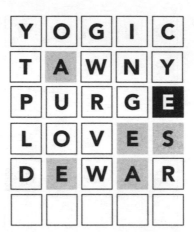

Y	O	G	I	C
T	A	W	N	Y
P	U	R	G	E
L	O	V	E	S
D	E	W	A	R

Q W E R T Y U I O P
A S D F G H J K L
Z X C V B N M

Puzzle 402
Clue: creep

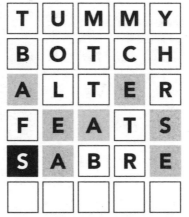

T	U	M	M	Y
B	O	T	C	H
A	L	T	E	R
F	E	A	T	S
S	A	B	R	E

Q W E R T Y U I O P
A S D F G H J K L
Z X C V B N M

Puzzle 403
Clue: fuel

D	I	M	L	Y
R	A	G	E	R
B	I	R	T	H
C	R	E	E	P
D	O	D	G	E

Q W E R T Y U I O P
A S D F G H J K L
Z X C V B N M

Puzzle 404
Clue: thread

J	O	K	E	S
Q	U	E	E	N
E	X	I	L	E
S	H	O	R	E
M	I	N	C	E

Q W E R T Y U I O P
A S D F G H J K L
Z X C V B N M

EXPERT

205

Puzzle 405
Clue: behave

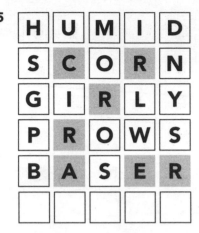

Puzzle 406
Clue: row

Puzzle 407
Clue: acquire

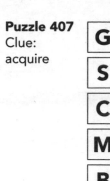

G	U	I	L	E
S	H	R	U	B
C	U	R	B	S
M	I	A	O	W
B	A	N	J	O

Q W E R T Y U I O P
A S D F G H J K L
Z X C V B N M

Puzzle 408
Clue: sealed

U	N	S	A	Y
C	H	U	R	N
M	A	I	Z	E
D	R	E	G	S
F	I	N	E	R

Q W E R T Y U I O P
A S D F G H J K L
Z X C V B N M

Puzzle 409
Clue: shape

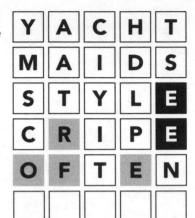

Q W E R T Y U I O P
A S D F G H J K L
Z X C V B N M

Puzzle 410
Clue: sin

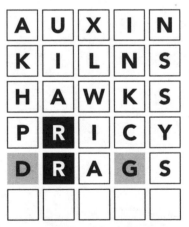

Q W E R T Y U I O P
A S D F G H J K L
Z X C V B N M

EXPERT

Puzzle 411
Clue: delay

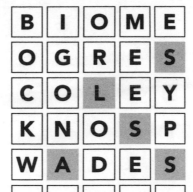

B	I	O	M	E
O	G	R	E	S
C	O	L	E	Y
K	N	O	S	P
W	A	D	E	S

Q W E R T Y U I O P
A S D F G H J K L
Z X C V B N M

Puzzle 412
Clue: routine

F	L	A	S	K
D	J	I	N	N
C	H	E	W	Y
S	H	O	E	S
N	E	I	G	H

Q W E R T Y U I O P
A S D F G H J K L
Z X C V B N M

Puzzle 413
Clue: digit

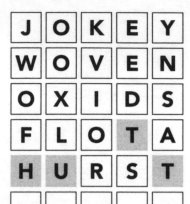

J	O	K	E	Y
W	O	V	E	N
O	X	I	D	S
F	L	O	T	A
H	U	R	S	T

Q W E R T Y U I O P
A S D F G H J K L
Z X C V B N M

Puzzle 414
Clue: instruct

M	I	L	K	Y
P	L	A	C	E
B	E	G	E	T
S	C	R	U	B
T	R	U	S	T

Q W E R T Y U I O P
A S D F G H J K L
Z X C V B N M

Puzzle 415
Clue: mythic

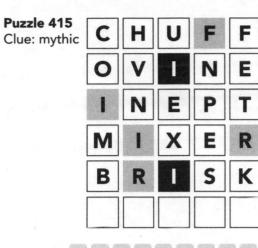

C	H	U	F	F
O	V	I	N	E
I	N	E	P	T
M	I	X	E	R
B	R	I	S	K

Q W E R T Y U I O P
A S D F G H J K L
Z X C V B N M

Puzzle 416
Clue: male

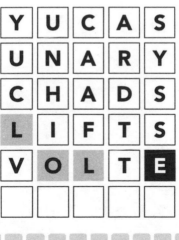

Y	U	C	A	S
U	N	A	R	Y
C	H	A	D	S
L	I	F	T	S
V	O	L	T	E

Q W E R T Y U I O P
A S D F G H J K L
Z X C V B N M

Puzzle 417
Clue: impertinence

Puzzle 418
Clue: fasten

Puzzle 419
Clue: oath

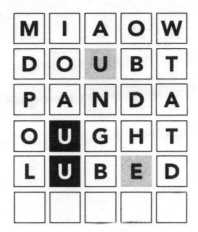

M	I	A	O	W
D	O	U	B	T
P	A	N	D	A
O	U	G	H	T
L	U	B	E	D

Q W E R T Y U I O P
A S D F G H J K L
Z X C V B N M

Puzzle 420
Clue: sizeable

Q	U	E	E	N
B	L	A	S	T
D	A	Z	E	S
C	O	N	G	A
O	P	A	H	S

Q W E R T Y U I O P
A S D F G H J K L
Z X C V B N M

Puzzle 421
Clue: dear

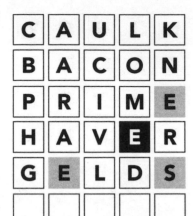

C A U L K
B A C O N
P R I M E
H A V E R
G E L D S

Q W E R T Y U I O P
A S D F G H J K L
Z X C V B N M

Puzzle 422
Clue: shatter

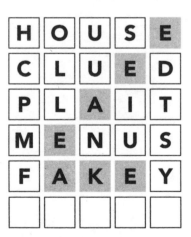

H O U S E
C L U E D
P L A I T
M E N U S
F A K E Y

Q W E R T Y U I O P
A S D F G H J K L
Z X C V B N M

E
X
P
E
R
T

Puzzle 423
Clue: allow

L	O	U	S	Y
A	B	O	D	E
S	H	O	R	E
P	A	L	E	R
M	I	C	R	A

Q W E R T Y U I O P
A S D F G H J K L
Z X C V B N M

Puzzle 424
Clue: similar

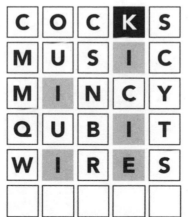

C	O	C	K	S
M	U	S	I	C
M	I	N	C	Y
Q	U	B	I	T
W	I	R	E	S

Q W E R T Y U I O P
A S D F G H J K L
Z X C V B N M

EXPERT

215

Y	U	G	A	S
S	K	E	L	P
B	E	A	U	X
A	M	I	N	O
T	O	W	E	D

Q W E R T Y U I O P
A S D F G H J K L
Z X C V B N M

U	N	I	T	S
A	M	O	N	G
G	R	E	E	T
D	E	R	B	Y
H	A	R	E	M

Q W E R T Y U I O P
A S D F G H J K L
Z X C V B N M

E
X
P
E
R
T

Puzzle 427
Clue: beginning

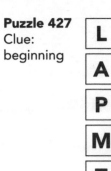

L	O	C	U	M
A	S	S	E	T
P	L	A	T	Y
M	I	N	T	S
T	I	G	H	T

Puzzle 428
Clue: sour

G	R	A	S	P
T	H	R	O	W
S	W	A	T	H
C	O	U	P	S
M	O	R	E	L

E
X
P
E
R
T

Puzzle 429
Clue: middle

O	X	I	D	E
A	V	E	N	S
B	L	A	I	N
H	A	R	P	**Y**
F	L	**U**	**T**	E

Puzzle 430
Clue: stir

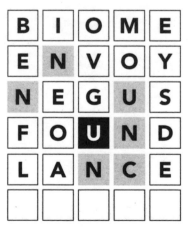

B	I	O	M	E
E	**N**	V	O	Y
N	E	**G**	**U**	S
F	**O**	**U**	**N**	D
L	**A**	**N**	**C**	E

Puzzle 431
Clue: distance

L	O	U	I	S
M	U	T	E	D
S	H	E	I	K
P	E	E	P	S
D	E	C	O	R

Q W E R T Y U I O P
A S D F G H J K L
Z X C V B N M

Puzzle 432
Clue: close

B	E	A	D	Y
R	O	W	E	D
F	L	A	S	H
B	U	N	C	H
G	I	F	T	S

Q W E R T Y U I O P
A S D F G H J K L
Z X C V B N M

Puzzle 433
Clue: change

Puzzle 434
Clue: assert

Puzzle 435
Clue: revolt

G	A	U	D	Y
K	A	P	U	T
C	H	E	A	P
S	H	I	E	D
F	L	E	A	S

```
Q W E R T Y U I O P
 A S D F G H J K L
   Z X C V B N M
```

Puzzle 436
Clue: grubby

C	A	M	E	O
S	H	I	V	S
M	O	U	N	D
D	E	W	A	X
D	R	A	N	K

```
Q W E R T Y U I O P
 A S D F G H J K L
   Z X C V B N M
```

Puzzle 437
Clue: appointment

Puzzle 438
Clue: separate

Puzzle 439
Clue: initial

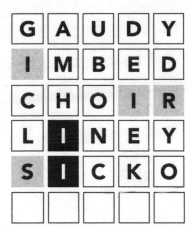

G A U D Y
I M B E D
C H O I R
L I N E Y
S I C K O

Q W E R T Y U I O P
A S D F G H J K L
Z X C V B N M

Puzzle 440
Clue: rigid

D E C R Y
V A L I D
S L O P E
B I S O N
S H O J I

Q W E R T Y U I O P
A S D F G H J K L
Z X C V B N M

Puzzle 441
Clue: submerge

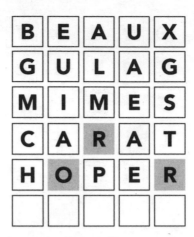

B	E	A	U	X
G	U	L	A	G
M	I	M	E	S
C	A	R	A	T
H	O	P	E	R

Q W E R T Y U I O P
A S D F G H J K L
Z X C V B N M

Puzzle 442
Clue: advantage

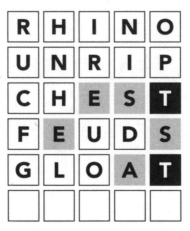

R	H	I	N	O
U	N	R	I	P
C	H	E	S	T
F	E	U	D	S
G	L	O	A	T

Q W E R T Y U I O P
A S D F G H J K L
Z X C V B N M

Puzzle 443
Clue: pendulum

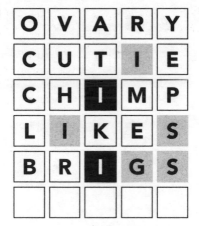

O	V	A	R	Y
C	U	T	I	E
C	H	I	M	P
L	I	K	E	S
B	R	I	G	S

Q W E R T Y U I O P
A S D F G H J K L
Z X C V B N M

Puzzle 444
Clue: polite

G	Y	O	Z	A
S	T	R	A	Y
T	O	W	N	S
P	I	T	C	H
N	I	C	K	S

Q W E R T Y U I O P
A S D F G H J K L
Z X C V B N M

EXPERT

225

Puzzle 445
Clue: bestow

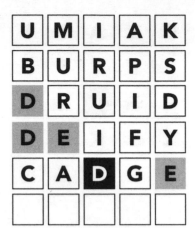

U M I A K
B U R P S
D R U I D
D E I F Y
C A D G E
☐ ☐ ☐ ☐ ☐

Q W E R T Y U I O P
A S D F G H J K L
Z X C V B N M

Puzzle 446
Clue: thump

A L I K E
F E R R Y
M O I S T
D H O W S
B O V I D
☐ ☐ ☐ ☐ ☐

Q W E R T Y U I O P
A S D F G H J K L
Z X C V B N M

Puzzle 447
Clue: forthright

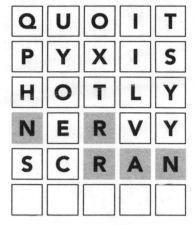

Q	U	O	I	T
P	Y	X	I	S
H	O	T	L	Y
N	E	R	V	Y
S	C	R	A	N

Q W E R T Y U I O P
A S D F G H J K L
Z X C V B N M

Puzzle 448
Clue: ability

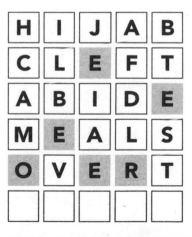

H	I	J	A	B
C	L	E	F	T
A	B	I	D	E
M	E	A	L	S
O	V	E	R	T

Q W E R T Y U I O P
A S D F G H J K L
Z X C V B N M

E
X
P
E
R
T

227

Puzzle 449
Clue: rot

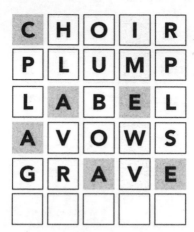

C H O I R
P L U M P
L A B E L
A V O W S
G R A V E

Q W E R T Y U I O P
A S D F G H J K L
Z X C V B N M

Puzzle 450
Clue: equity

A P E R Y
H A R M S
G I V E R
C R U D E
B A C K S

Q W E R T Y U I O P
A S D F G H J K L
Z X C V B N M

228

Puzzle 451
Clue: bucolic

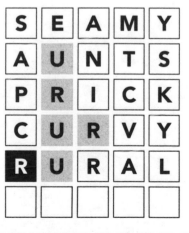

G	**U**	N	K	Y
M	**U**	T	E	D
T	**U**	C	K	S
J	**U**	M	B	O
A	**U**	G	H	T

```
Q W E R T Y U I O P
 A S D F G H J K L
  Z X C V B N M
```

Puzzle 452
Clue: gritty

S	E	A	M	Y
A	U	N	T	S
P	R	I	C	K
C	U	R	V	Y
R	U	R	A	L

```
Q W E R T Y U I O P
 A S D F G H J K L
  Z X C V B N M
```

Puzzle 453
Clue: smash

S	N	A	G	S
F	U	N	G	I
S	E	P	I	A
B	A	S	T	E
C	L	U	E	D

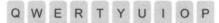

Q W E R T Y U I O P
A S D F G H J K L
Z X C V B N M

Puzzle 454
Clue: before

H	U	M	A	N
S	H	A	D	Y
L	A	M	B	S
S	K	I	E	D
T	W	I	R	L

Q W E R T Y U I O P
A S D F G H J K L
Z X C V B N M

Puzzle 455
Clue: concentrate

V	I	T	A	E
P	L	I	E	R
M	E	D	I	A
U	N	S	E	X
B	O	N	G	O

Q W E R T Y U I O P
A S D F G H J K L
Z X C V B N M

Puzzle 456
Clue: item

S	N	O	W	Y
H	U	N	C	H
D	O	M	E	S
G	R	E	A	T
C	H	I	E	F

Q W E R T Y U I O P
A S D F G H J K L
Z X C V B N M

Puzzle 457
Clue: wait

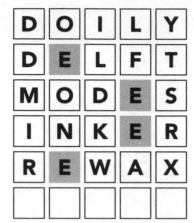

D	O	I	L	Y
D	E	L	F	T
M	O	D	E	S
I	N	K	E	R
R	E	W	A	X

Q W E R T Y U I O P
A S D F G H J K L
Z X C V B N M

Puzzle 458
Clue: pause

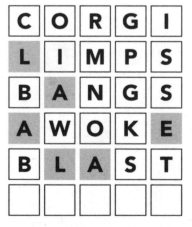

C	O	R	G	I
L	I	M	P	S
B	A	N	G	S
A	W	O	K	E
B	L	A	S	T

Q W E R T Y U I O P
A S D F G H J K L
Z X C V B N M

E	Q	U	I	P
M	I	N	C	E
S	H	E	A	R
C	A	S	K	Y
S	C	A	L	P

Q W E R T Y U I O P
A S D F G H J K L
Z X C V B N M

S	O	N	I	C
I	N	S	E	T
R	E	F	R	Y
L	E	G	A	L
F	A	X	E	R

Q W E R T Y U I O P
A S D F G H J K L
Z X C V B N M

E
X
P
E
R
T

233

Puzzle 461
Clue: common

D	E	I	T	Y
S	H	E	L	F
P	A	R	K	S
C	O	L	I	C
B	L	A	G	S

Q W E R T Y U I O P
A S D F G H J K L
Z X C V B N M

Puzzle 462
Clue: front

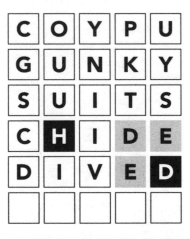

C	O	Y	P	U
G	U	N	K	Y
S	U	I	T	S
C	H	I	D	E
D	I	V	E	D

Q W E R T Y U I O P
A S D F G H J K L
Z X C V B N M

Puzzle 463
Clue: declare

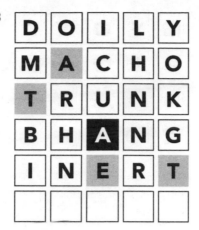

Puzzle 464
Clue: feed

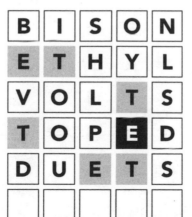

Puzzle 465
Clue: mission

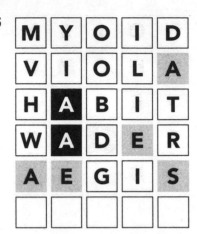

M	Y	O	I	D
V	I	O	L	A
H	A	B	I	T
W	A	D	E	R
A	E	G	I	S

Q W E R T Y U I O P
A S D F G H J K L
Z X C V B N M

Puzzle 466
Clue: waver

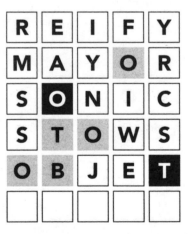

R	E	I	F	Y
M	A	Y	O	R
S	O	N	I	C
S	T	O	W	S
O	B	J	E	T

Q W E R T Y U I O P
A S D F G H J K L
Z X C V B N M

Puzzle 467
Clue: generous

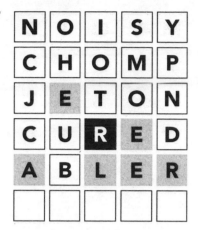

N	O	I	S	Y
C	H	O	M	P
J	E	T	O	N
C	U	R	E	D
A	B	L	E	R

Q W E R T Y U I O P
A S D F G H J K L
Z X C V B N M

Puzzle 468
Clue: perception

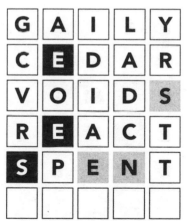

G	A	I	L	Y
C	E	D	A	R
V	O	I	D	S
R	E	A	C	T
S	P	E	N	T

Q W E R T Y U I O P
A S D F G H J K L
Z X C V B N M

237

Puzzle 469
Clue: rhyme

P	O	U	N	D
T	W	A	N	G
P	R	I	O	N
A	I	R	E	D
C	A	N	E	S

Q W E R T Y U I O P
A S D F G H J K L
Z X C V B N M

Puzzle 470
Clue: ward

J	I	V	E	Y
F	L	U	K	E
U	N	M	E	T
P	U	N	T	S
B	O	U	G	H

Q W E R T Y U I O P
A S D F G H J K L
Z X C V B N M

Puzzle 471
Clue: film

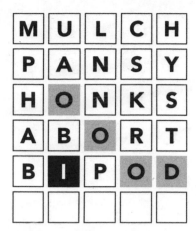

M	U	L	C	H
P	A	N	S	Y
H	O	N	K	S
A	B	O	R	T
B	I	P	O	D

Q W E R T Y U I O P
A S D F G H J K L
Z X C V B N M

Puzzle 472
Clue: within

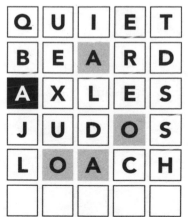

Q	U	I	E	T
B	E	A	R	D
A	X	L	E	S
J	U	D	O	S
L	O	A	C	H

Q W E R T Y U I O P
A S D F G H J K L
Z X C V B N M

Puzzle 473
Clue: shun

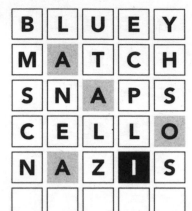

B	L	U	E	Y
M	A	T	C	H
S	N	A	P	S
C	E	L	L	O
N	A	Z	I	S

Q W E R T Y U I O P
A S D F G H J K L
Z X C V B N M

Puzzle 474
Clue: cherish

G	R	A	N	D
T	H	E	F	T
A	U	T	O	S
R	O	C	K	Y
S	T	A	R	S

Q W E R T Y U I O P
A S D F G H J K L
Z X C V B N M

Puzzle 475
Clue: partner

P	O	U	T	Y
F	L	A	N	K
S	H	O	A	L
H	A	R	E	M
C	R	E	P	T

Q W E R T Y U I O P
A S D F G H J K L
Z X C V B N M

Puzzle 476
Clue: barb

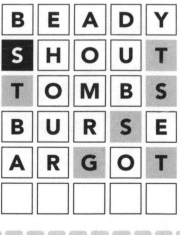

B	E	A	D	Y
S	H	O	U	T
T	O	M	B	S
B	U	R	S	E
A	R	G	O	T

Q W E R T Y U I O P
A S D F G H J K L
Z X C V B N M

Puzzle 477
Clue: bar

O	P	I	U	M
S	Y	N	C	H
K	U	D	O	S
F	L	A	I	L
V	O	L	T	E

Q W E R T Y U I O P
A S D F G H J K L
Z X C V B N M

Puzzle 478
Clue: bolster

V	O	M	I	T
N	O	D	E	S
S	K	I	V	E
P	A	S	H	A
C	H	E	A	T

Q W E R T Y U I O P
A S D F G H J K L
Z X C V B N M

242

Puzzle 479
Clue: fixture

B	R	A	V	E
F	A	I	L	S
W	A	N	E	Y
V	O	D	K	A
C	R	A	M	P

Q W E R T Y U I O P
A S D F G H J K L
Z X C V B N M

Puzzle 480
Clue: room

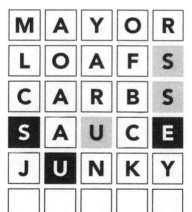

M	A	Y	O	R
L	O	A	F	S
C	A	R	B	S
S	A	U	C	E
J	U	N	K	Y

Q W E R T Y U I O P
A S D F G H J K L
Z X C V B N M

Puzzle 481
Clue: whole

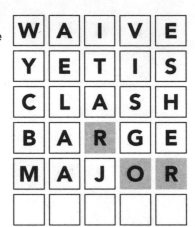

Puzzle 482
Clue: play

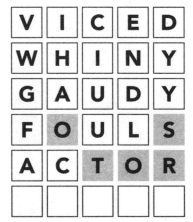

Puzzle 483
Clue: hard

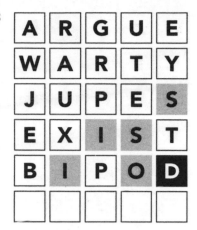

A	R	G	U	E
W	A	R	T	Y
J	U	P	E	S
E	X	I	S	T
B	I	P	O	D

Q W E R T Y U I O P
A S D F G H J K L
Z X C V B N M

Puzzle 484
Clue: mill

C	Y	C	L	E
O	B	J	E	T
A	U	R	A	L
R	A	M	E	N
P	A	G	A	N

Q W E R T Y U I O P
A S D F G H J K L
Z X C V B N M

E
X
P
E
R
T

245

Puzzle 485
Clue: kind

Puzzle 486
Clue: joint

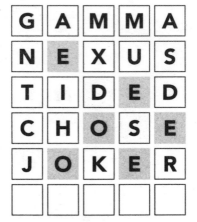

Puzzle 487
Clue: poetry

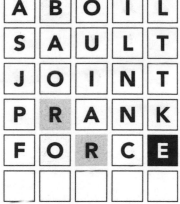

A	B	O	I	L
S	A	U	L	T
J	O	I	N	T
P	R	A	N	K
F	O	R	C	E

```
Q W E R T Y U I O P
 A S D F G H J K L
   Z X C V B N M
```

Puzzle 488
Clue: quiet

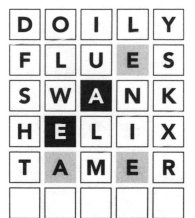

D	O	I	L	Y
F	L	U	E	S
S	W	A	N	K
H	E	L	I	X
T	A	M	E	R

```
Q W E R T Y U I O P
 A S D F G H J K L
   Z X C V B N M
```

E
X
P
E
R
T

Puzzle 489
Clue: cuddle

Q	U	I	F	F
S	T	A	R	K
L	E	V	E	R
O	K	A	Y	S
S	T	R	U	T

Q W E R T Y U I O P
A S D F G H J K L
Z X C V B N M

Puzzle 490
Clue: tender

P	I	L	A	U
C	A	D	E	T
S	A	R	G	E
H	E	R	B	S
E	X	P	O	S

Q W E R T Y U I O P
A S D F G H J K L
Z X C V B N M

EXPERT

Puzzle 491
Clue: preside

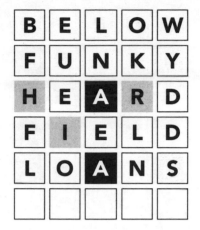

B E L O W
F U N K Y
H E A R D
F I E L D
L O A N S

Q W E R T Y U I O P
A S D F G H J K L
Z X C V B N M

Puzzle 492
Clue: relent

S N O R T
J E T T Y
C U R V E
F A K E D
W E D G Y

Q W E R T Y U I O P
A S D F G H J K L
Z X C V B N M

Puzzle 493
Clue:
breathes

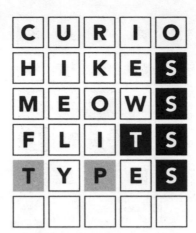

C	U	R	I	O
H	I	K	E	**S**
M	E	O	W	**S**
F	L	I	**T**	**S**
T	Y	P	E	**S**

Q W E R T Y U I O P
A S D F G H J K L
Z X C V B N M

Puzzle 494
Clue: tell

C	O	R	N	Y
B	L	A	M	E
Q	U	I	R	**K**
T	H	U	N	**K**
J	O	K	E	D

Q W E R T Y U I O P
A S D F G H J K L
Z X C V B N M

Puzzle 495
Clue: entry

K	A	Y	A	K
F	O	C	U	S
S	P	I	R	E
T	W	I	N	E
C	H	I	L	E

Q W E R T Y U I O P
A S D F G H J K L
Z X C V B N M

Puzzle 496
Clue: brisk

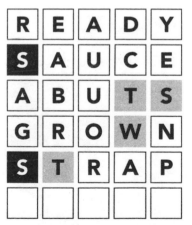

R	E	A	D	Y
S	A	U	C	E
A	B	U	T	S
G	R	O	W	N
S	T	R	A	P

Q W E R T Y U I O P
A S D F G H J K L
Z X C V B N M

Puzzle 497
Clue: wave

C	H	U	R	N
K	A	Z	O	O
M	I	T	T	S
A	B	O	D	E
S	Y	R	U	P

Q W E R T Y U I O P
A S D F G H J K L
Z X C V B N M

Puzzle 498
Clue: mine

M	O	V	I	E
P	R	O	U	D
G	U	L	A	G
B	L	A	B	S
A	S	I	D	E

Q W E R T Y U I O P
A S D F G H J K L
Z X C V B N M

252

Puzzle 499
Clue:
infatuation

I N L A Y
P O K E D
A N T I C
C I V E T
C O M B S

Q W E R T Y U I O P
A S D F G H J K L
Z X C V B N M

EXPERT

Puzzle 500
Clue:
indicate

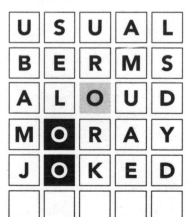

U S U A L
B E R M S
A L O U D
M O R A Y
J O K E D

Q W E R T Y U I O P
A S D F G H J K L
Z X C V B N M

Solutions

1: FAULT	64: SPEND	127: BLUNT	190: FEAST
2: EARLY	65: CARVE	128: STEAM	191: BACON
3: TABLE	66: LORRY	129: EXIST	192: SLOPE
4: BLAME	67: TORCH	130: VITAL	193: FENCE
5: TREAT	68: PLANT	131: GLARE	194: CHILL
6: CHART	69: CLUCK	132: SAINT	195: BRAND
7: SHAPE	70: BELOW	133: TRACK	196: MEDAL
8: LAPSE	71: DETER	134: ROSES	197: ARISE
9: SHOVE	72: PENNY	135: CREEP	198: MEDIA
10: SPADE	73: HANDY	136: SLIDE	199: EAGLE
11: DREAD	74: THINK	137: TOKEN	200: STEEP
12: GRAND	75: AWARD	138: AWFUL	201: STYLE
13: MAYOR	76: PRIME	139: SCARE	202: HARRY
14: STACK	77: SHOCK	140: BRIEF	203: ANKLE
15: SOLVE	78: EXTRA	141: YOUTH	204: CRUEL
16: AGONY	79: EVERY	142: CRASH	205: ALARM
17: HEATH	80: HONEY	143: NURSE	206: PARTY
18: BULGE	81: RELAX	144: CLERK	207: GRADE
19: STRIP	82: PROUD	145: SKIRT	208: RIGHT
20: CLING	83: PRONE	146: FERRY	209: STUDY
21: CLIMB	84: GRAVY	147: ALONE	210: COMIC
22: DRILL	85: GHOST	148: LUNCH	211: BOARD
23: BADGE	86: WHITE	149: WHOOP	212: GOOSE
24: OUGHT	87: STAKE	150: PLEAD	213: READY
25: TOAST	88: SHALL	151: HOUSE	214: CHUNK
26: SKILL	89: CHOKE	152: JOLLY	215: TRIAL
27: WORRY	90: GRAPE	153: NORTH	216: MIGHT
28: GOODS	91: PILOT	154: AMAZE	217: STORE
29: SLASH	92: SILLY	155: WRITE	218: SOUND
30: MADAM	93: AMUSE	156: MARRY	219: CHECK
31: SHARE	94: PANEL	157: IDIOT	220: GRAPH
32: FLING	95: TEACH	158: BLOOD	221: PLANK
33: PLAIN	96: MINOR	159: UNTIL	222: BLIND
34: CLASH	97: FIELD	160: JOINT	223: HARSH
35: VOICE	98: SPEED	161: MAYBE	224: BOOST
36: STAND	99: FILTH	162: VALUE	225: SCOOP
37: WIDOW	100: GRASS	163: GLOBE	226: WHERE
38: NIECE	101: STAIN	164: STARE	227: DEPOT
39: PUPIL	102: STICK	165: RADAR	228: DRAIN
40: TOWER	103: SAUCE	166: CRAFT	229: TOUCH
41: QUEEN	104: HEAVY	167: UPSET	230: GRAVE
42: RIVER	105: SIGHT	168: FLOOD	231: TOWEL
43: RIDGE	106: CRACK	169: SCREW	232: FLAKE
44: PRINT	107: WATER	170: AGREE	233: EQUIP
45: GUESS	108: PROVE	171: FLUSH	234: HEART
46: TOUGH	109: ELECT	172: LIGHT	235: STRAY
47: CHEST	110: DODGY	173: TEASE	236: PORCH
48: BLAST	111: INTER	174: ASIDE	237: LABEL
49: STRAP	112: ALTER	175: ALIEN	238: DOZEN
50: NANNY	113: UNCLE	176: BROAD	239: TENSE
51: IDEAL	114: SPITE	177: EMPTY	240: NERVE
52: IRONY	115: BATCH	178: UNITE	241: TOPIC
53: FLUID	116: STAGE	179: CLOUD	242: CRUDE
54: MERRY	117: BLADE	180: ALONG	243: MINCE
55: PANIC	118: SPRAY	181: ALIVE	244: DEATH
56: OTHER	119: JUICE	182: GLORY	245: METRO
57: CHAIN	120: MUSIC	183: SWEEP	246: MINER
58: STEAL	121: BRICK	184: TODAY	247: STAFF
59: DITCH	122: ALLEY	185: EAGER	248: SPARE
60: CRISP	123: MICRO	186: GREAT	249: SHELL
61: WORLD	124: GROSS	187: RUGBY	250: IMAGE
62: CHASE	125: SPILL	188: AUDIT	251: CHEER
63: GRAFT	126: NEVER	189: DRIFT	252: GREEN

253: FRUIT	316: LEGAL	379: SWORD	442: ASSET
254: INCUR	317: LASER	380: SHORT	443: SWING
255: MOUND	318: GRAIN	381: STORM	444: CIVIL
256: SMALL	319: ESSAY	382: QUITE	445: ENDOW
257: LOBBY	320: WRIST	383: TRICK	446: POUND
258: OFFER	321: ELDER	384: GREET	447: FRANK
259: WHILE	322: MANOR	385: LAPSE	448: POWER
260: CHAOS	323: REFER	386: DEBIT	449: DECAY
261: SINCE	324: ORGAN	387: FARCE	450: STOCK
262: QUIET	325: SCORE	388: WAGON	451: RURAL
263: WHALE	326: CLOTH	389: ENEMY	452: ROUGH
264: BONUS	327: SLEEP	390: SPOIL	453: WRECK
265: HATCH	328: APPLE	391: CHEAP	454: PRIOR
266: TREAT	329: MERIT	392: THORN	455: FOCUS
267: CHILD	330: DUMMY	393: COVER	456: PIECE
268: AWARE	331: PRUNE	394: TRAMP	457: QUEUE
269: AMBER	332: WHACK	395: WEDGE	458: DELAY
270: FANCY	333: TONIC	396: LODGE	459: LOYAL
271: CLICK	334: AWAKE	397: CLEAR	460: JUDGE
272: FATAL	335: NASTY	398: CRIME	461: USUAL
273: FLOOR	336: STONE	399: STORY	462: AHEAD
274: TREAD	337: OPERA	400: PURSE	463: STATE
275: TOOTH	338: PADDY	401: SHAKE	464: CATER
276: FRAME	339: MINUS	402: SNEAK	465: CAUSE
277: SEVER	340: UPPER	403: STOKE	466: DOUBT
278: FIGHT	341: IMPLY	404: WEAVE	467: LARGE
279: ROYAL	342: ANNOY	405: REACT	468: SENSE
280: BENCH	343: HEDGE	406: ARGUE	469: VERSE
281: PUNCH	344: RIGID	407: ADOPT	470: GUARD
282: SHEET	345: CLASS	408: BOXED	471: VIDEO
283: SHOUT	346: GLOVE	409: FORGE	472: AMONG
284: PAINT	347: NAIVE	410: GREED	473: AVOID
285: CHALK	348: HURRY	411: STALL	474: PRIZE
286: CREAM	349: ONION	412: HABIT	475: BRIDE
287: STRAW	350: CLOUT	413: THUMB	476: STING
288: AGAIN	351: SLING	414: TUTOR	477: LEVER
289: FORTH	352: SHAME	415: FAIRY	478: BRACE
290: PHASE	353: TRACE	416: BLOKE	479: MATCH
291: GRIEF	354: ROGUE	417: CHEEK	480: SUITE
292: BASIN	355: SMOKE	418: LATCH	481: ROUND
293: CROSS	356: BRUTE	419: CURSE	482: SPORT
294: BINGO	357: PAPER	420: MAJOR	483: SOLID
295: WELLS	358: SMACK	421: SWEET	484: GRIND
296: PLUMB	359: KNIFE	422: BREAK	485: BREED
297: SEVEN	360: DREAM	423: GRANT	486: ELBOW
298: BUILD	361: CABLE	424: ALIKE	487: RHYME
299: MOUNT	362: SHADE	425: FORCE	488: PEACE
300: BAKER	363: THROW	426: SPACE	489: SPOON
301: PATCH	364: EARTH	427: BIRTH	490: MONEY
302: ADULT	365: PLONK	428: LEMON	491: CHAIR
303: STINK	366: LAUGH	429: TUMMY	492: YIELD
304: FINED	367: STEEL	430: CHURN	493: PANTS
305: CAMEL	368: FLOUR	431: RANGE	494: SPEAK
306: SPADE	369: VAGUE	432: TIGHT	495: DRIVE
307: SNIFF	370: MOTOR	433: AMEND	496: SWIFT
308: SCOUT	371: DERBY	434: CLAIM	497: SWELL
309: ARROW	372: EVENT	435: REBEL	498: SHAFT
310: SPARK	373: SMART	436: DIRTY	499: CRUSH
311: HASTE	374: HOBBY	437: VISIT	500: POINT
312: GIANT	375: GRATE	438: APART	
313: FLAME	376: HEAVE	439: FIRST	
314: KNOCK	377: LEARN	440: STIFF	
315: SUGAR	378: SKATE	441: DROWN	

SOLUTIONS

First published in 2022 by Ivy Press,
an imprint of The Quarto Group.
The Old Brewery, 6 Blundell Street
London, N7 9BH, United Kingdom
T (0)20 7700 6700
www.Quarto.com

ISBN 978-0-7112-8040-3

10 9 8 7 6

Compiled and designed by Tim Dedopulos and Roland Hall

Printed and bound by CPI Group (UK) Ltd, Croydon, CR0 4YY

FSC
www.fsc.org
MIX
Paper from
responsible sources
FSC® C171272